不動産投資は
地方の
高利回り物件を
狙いなさい

JPMCグループ　CEO
武藤英明

いま購入するなら
非公開の
埋蔵物件が
断然おトク！

ダイヤモンド社

はじめに

いきなりで恐縮ですが、皆様に質問をさせていただきます。まずはクイズのように、気楽に考えてみてください。

東京でも人気の高い世田谷区の住宅地と、人口約50万の典型的な地方都市・愛媛県松山市にある住宅地区を、更地の場合の実勢価格として平均的な感覚で比較すると、どの程度の差があるでしょうか？

次の3つから、近いと思うものを選んでください。

①およそ世田谷3：松山1
②およそ世田谷5：松山1
③およそ世田谷10：松山1

正解は、③のおよそ10：1です。さて、本題はここからです。

今度は、まったく同じ面積・築年数・間取り・設備の賃貸住宅が双方に存在した場合、賃料を平均的な感覚で比較すると、どの程度の差があるとお考えでしょうか？

もし、地価に比例させるなら、松山市で月額賃料5万円の賃貸物件が、世田谷区では家賃50万円の超高級物件になるはずですが、そんなことは明らかにありえません。せいぜい、2～3倍程度というところでしょう。

鋭い感覚をお持ちのビジネスパーソンであれば、ここまでのたった2ページの情報のなかに、地方物件投資への大きなチャンスを見いだしているはずです。

年金給付水準の行方、リストラに代表される雇用情勢、そして自らの勤務先やビジネスの持続性に不安を持つ方は少なくありません。時にその不安は、仕事に取り組むモチベーション、価値創造やリスクテイクへの勇気をも阻害してしまいます。

そうした不安を解消し、本業以外でもキャッシュフローを得ていく手段として、不動産投資が有効な手段であることは、いまさら申し上げるまでもありません。

日本における不動産投資の魅力は、基本的にインカムゲインです。マーケットが安定的で収益を予想しやすく、変動要因も読みやすいからです。そのうえ、マイナス金利時代に突入し、これまで賃貸経営をしてこられなかった、個人のバランスシートとしては「まっさら」な人生を送られてきたビジネスパーソンは、金融機関にとって優良顧客です。

一方で、アベノミクスに始まる資産価格の上昇は、不動産市場に大きなインパクトをもたらしたことも事実です。特に都心部では、インカムゲインではなくキャピタルゲインを狙った投資家が増え、利回りが下がっています。

そこで今度は、地方に目を向けてみます。本書の最大のテーマは、地方物件に注目することです。世田谷で経営するより松山で経営したほうが、投資した金額に対する賃料のリターンが大きいと考えられるからです。

しかし、実際に探してみるとどうでしょうか。めぼしい優良物件にはなかなか出合えません。

結局、不動産投資はもう手遅れなのではないか？　そんな諦めに近い気持ちの方も少なくないでしょう。本書をお読みいただきたいのは、まさにそのような方たちです。

まったくの別世界から不動産業界にやってきた私が、２００２年に従業員ゼロ、物件・売上高ゼロでスタートしたＪＰＭＣ日本管理センターは、９年後の２０１１年にジャスダック市場、そして２０１４年に東証一部に上場いたしました。

当社がこのようなスピードで成長することができた理由は、ポリシーとして近江商人の教えである「三方良し」を常に意識していたからだと自負しています。

私は、横浜で卵問屋を営む家に生を受けました。祖父の教えは、「問屋が儲かる・卵を買っていただくお寿司屋さんやケーキ屋さんが儲かる・最終消費者であるお客様がおいしいと喜んでくださる」という「三方良し」でした。

ＪＰＭＣ日本管理センターは、不動産業界の因習を打ち破り、本当に必要としてくださるお客様に、産地直送の野菜のようなかたちで優良な賃貸物件をご紹介し、長く経営をサポートさせていただく覚悟を持って業務に取り組んでいます。

ただオーナー様に物件を売るだけではなく、ご購入時には金融機関をご紹介し、ご購入後も管理・サブリースにより、オーナー様と一体になって長期にわたり資産の最大化に取り組んでいます。つまり、オーナー様の資産増加が当社の社業に直結する仕組みを作ることで、「三方良し」を具現化しています。

地方の物件への投資は、参入者が少ないからこそチャンスにあふれています。当社は、北は北海道北見市から南は沖縄県石垣島まで総計7万戸以上を手がけ、全国どのエリアでも対応可能です。現在、管理物件全体で約91％の入居率を確保し、物件全体の棟数の46・2％は満室運用です。

当社には、全国に1300社以上のパートナーが存在し、のべ10万人ものオーナー様と接触してきました。そして、当社JPMCグループが運営する賃貸住宅売買サポート「e-vest」には、投資意欲の高い会員様が4000人いらっしゃいます。

お客様やオーナー様、パートナー企業のご支持というバックグラウンドを持っている当社には、おかげさまで一般公開されていない情報が全国から集まり、運営のノウハウも日々蓄積されています。「三方良し」をベースとした当社の本気度を見て、ようやくこれまでなかなか表に出てこなかった地方の優良物件の情報が、いち早く集まってくるようになったのです。

本書では、当社のそうした知見をもとに、現在の日本で不動産投資を行う際、とりわけ都市部にお住まいの一般のビジネスパーソンが、地方で賃貸経営をする場合のポイントを解説していきます。

不動産投資の概要、間違った常識、そしてサステナブルな地方での賃貸経営を可能にするさまざまなノウハウと仕組みを、売買仲介のプロとしてだけではなく、運営のプロとしての自負とともに解説してまいります。

本書が読者の皆様のよりよい投資のご参考になれば、これ以上の幸せはありません。

２０１６年　９月

ＪＰＭＣグループ　ＣＥＯ
日本管理センター株式会社　代表取締役社長執行役員　武藤英明

第2章

間違いだらけの「不動産投資の常識」 61

第1章

不動産投資は「手遅れ」なのか？

登場する人物

宮田　誠（44）　S大学法学部卒。首都圏郊外の出身。大手損害保険会社の本社に勤務する部長代理で、年収は1200万円。学生時代にビリヤード仲間だった岡部や横山とサークル「ドルフィンズ」を創設。妻・二人の娘と、都心から電車で40分ほどの一戸建てに暮らす。

岡部　直樹（44）　S大学医学部卒。都内有名私立病院の消化器外科副科長。食道がん手術の名医としてスカウトされた。実家は都心部の開業医だが継いでいない。名医ならではの悩みを打開するため、金融機関から融資を得て妻・由加の出身地で賃貸経営を始めた。

横山　大輔（44）　S大学理工学部卒。SEとして就職した後に起業、アプリ開発で急成長し2年前ついに上場。周囲からはいまどきのIT企業経営者と見られているが、本人は至って自然体。忙しく活躍しつつも、衰退していくふるさとに密かに心を痛めている。

岡部　由加（42）　直樹の妻で、ドルフィンズの後輩メンバー。S大学教育学部卒。結婚後は専業主婦だったが、不動産投資のために夫婦で設立した資産管理会社の社長となり、思わぬ第三の人生を得る。診療や手術で忙しい夫以上に、不動産投資を勉強中。

Scene1

40代、それぞれのいま

宮田誠（大手損害保険会社の部長代理）
岡部直樹（都内有名私立病院の消化器外科副科長）
横山大輔（IT企業の経営者）
岡部由加（直樹の妻）

半年ぶりに降り立った駅前の広場は、夜の学生街らしく、今日も賑やかだった。

そこかしこで居酒屋の呼び込みが声を張り上げ、食欲をそそる香りが漂う。勉強の好きそうな学生たちも、そうではなさそうな学生たちも、肩を並べて歩いている。あの呼び込みも、もしかしたら現役の学生アルバイトかもしれない。

この街に来ると、決まって気分が明るくなる。さっきまで仕事の考え事をしていた宮田誠の口元は、自然と緩んできた。

25年前、受験前に大学のキャンパスを見学しようと初めてこの場所に立ったときと、街の雰囲気は大きく変化していない。都心周辺としては、珍しいケースだろう。

卒業して20年余り。40代の半ばに差し掛かりつつあるいまになっても、この街の匂いや音が、さまざまな記憶を蘇らせてくれる。

改札口から徒歩3分。いまや年季物となったビルの地下1階にある大きな居酒屋は、この四半世紀、ずっと宮田たちが立ち上げたビリヤードサークル「ドルフィンズ」のOB・OGのたまり場だ。もっとも、同じビルの4階にあったビリヤードは15年前に廃業してしまった。サークルとしての「ドルフィンズ」もいまはない。

カウンター席の角で、先に来ていた二人が宮田を見つけて手を挙げている。すでにでき上がっているようだ。

「よう宮田。遅かったな!」

「岡部、今日も手術だったのか?」

「ああ。でも明日はキャンセルになったから、今日は付き合えるぞ」

岡部直樹は、いまや知る人ぞ知る食道がん手術の名医で、専門雑誌などにも紹介され始めている。噂を聞きつけ、岡部が勤務している病院には、診察や執刀を希望する患者が列をなしているという。

宮田たちの通っていた大学は、医学部の学生とほかの学部の学生がともに学ぶのは1年目だけで、あとはキャンパスが離れてしまうために疎遠になることが一般的だった。ところが岡部は、開業医の親の望みで医学部に入学したものの、ただ後を継ぐことに飽きたらず、そのはけ口を宮田たち「お気楽」な文系学生たちと過ごす時間に見いだしていたようだった。キャンパスが変わり、実習やインターンで忙しくなったあとも、そして宮田たちが卒業してしまったあとも熱心にサークルに顔を出し、結局、実家の医院を継がなかった。

「こいつ、大先生のくせして飲み方が相変わらずなんだよ。安焼酎のお湯割りじゃないと気分が出ないとか、こだわり方がおかしいんだ。宮田はまずビールだろ?」

もうひとりの旧友、横山大輔は、理工学部を1年留年したあとに卒業し、しばらくは金融系のシステムエンジニアとして激務をこなしていたが、勤務先の会社が株式を上場したあと、あらかじめ与えられていたストックオプションをすべて行使して資金を作り独立、起業した。いまではその会社がスマートフォン向けのアプリ開発で大当たりし、2年前に上場を果たしている。成功した経営者であり、億万長者になった。

横山こそ、こんな安い学生居酒屋より、ホテルの高層階のバーで夜景でも楽しんでいるほうがお似合いのはずなのに、普段からTシャツにデニムで仕事をしているせいなのか、むしろ雰囲気はいちばん若々しい。

宮田は、志望通り財閥系の損害保険会社に入社し、忙しく働いてきた。同期たちの中には、転勤で全国を転々とし、なかなか首都圏に戻れないケースも多いなかで、宮田はラッキーにも本社勤務が長く、比較的東京から通いやすい異動ばかりだった。

宮田の大ジョッキが来て、まずは再会を祝し乾杯となった。

「しかしさあ、相変わらず岡部の仕切りだとこの店なんだな」

「いいじゃないか。宮田だって嫌いじゃないだろ。遅いから、もういつものオムそば、先に二人で食っちゃったぞ。腹減ってるだろ？　もうひとつ頼むか？」

彼らなりに、宮田に気を使ってくれているのかもしれなかった。

「もちろんだ！　しかし、カツカツのサラリーマンとしては安い店で大いに助かるよ。うちは結局、下の娘も私立に行きそうだしな」

横山はいまだに独身だ。

「何がカツカツだって？　歴史と伝統があって安定している大会社の、立派な部長様じゃないか。吹けば飛ぶようなぽっと出の会社とは違う」

「独身貴族のCEO様が何言ってんだ」

「それにさ、子どもを育てているってのはさ、宮田。オレが言うのも変だけど、お前、本当にすごいことだと思うよ」

「いろいろほめてもらってうれしいけどな、部長じゃなくて『担当部長』ってやつだ。それに、うなるほどカネを持ってるお前らと違って、うちはいくらあっても足りないぞ。そのくせ家族からは大して感謝もされないしな。岡部なんか、患者さんや家族から泣いて喜ばれる仕事だろう？」

宮田の会社は、たしかに安定した大企業ではあるし、世間一般に比べれば十分高給の部類に入る。しかし、世の中の変化に対応しているとはお世辞にも言いがたく、社内にかつてのような「勝ち組」の雰囲気はない。実際、年収は伸び悩んでおり、むしろ減らされかねないことを心配する状況にある。

岡部や横山は、そんな宮田とは段違いの収入と資産を持っているはずだった。それでも、互いのさっぱりした性格と、昔から変わらない付き合いのおかげで、小さな悩みやあけすけな懐事情も嫌みなく話せる関係でいられるのは心強い。

「ああ、医者だからそういうこともあるな。たしかにオレは幸せものだ。宮田の下の子って、もう6年生なのか？」

「そうなんだよ。お姉ちゃん子でさ、制服に憧れているんだか何だか知らないけど、上の子と同じ一貫校に通いたいって言って聞かないんだ。塾の成績も悪くないから望み通りになりそうだけど、これがまた、学費の安い学校じゃないんだよな。無邪気な分だけ、恐ろしいよ」

父親らしく頬をゆるめた宮田は、急に厳しい表情を見せた。

「正直、これから大学卒業まで学費を払って、ちゃんと勉強させてやれるのか不安でさ。お前らには笑われちゃうけど、将来を考えると手放しでは喜べないよ。下の子の大学卒業まで、まだ10年以上あるんだぞ。そのうえ、オレの両親だっていつまでも元気でいられるとは限らないしな」

その言葉には、父親として、そして40代の会社員としての実感がこもっているように感じられた。

横山は、急に心配になってきた。

「おい、会社で何かあったのか？」

「いや、別に会社がどうこう、ということじゃないんだけどな」

宮田は、ビールで喉を潤した。

「でも、すぐ上の年代の先輩のなかには、はっきりとわかるかたちでメインの仕事から外されたり、出向していく人も出始めているんだよ」

岡部も表情を曇らせた。

「いわゆるその、リストラってやつか」

「まあ、そういうことだ。うちの会社も企業合併やら人員整理やらで正直、人は余っているし、このあと何年かしたらオレもああなるのかもしれない、と思うとな……お前らはリストラなんて無縁だから、本当にうらやましいよ」

岡部は、少しムッとしたようだった。

「宮田、そりゃあ会社勤めも大変だと思うけど、医者だっていつでもリスクと隣り合わせなんだぞ。勝手に期待されて、手のひら返しして誤診だ、医療ミスだと裁判を起こされる可能性だってある。最悪、刑事責任が問われることだってあるんだ」

「たしかにそうだ。ちょっと口が滑ったよ」

「それだけじゃない。手術の執刀っていうのはさ、文字通り刀を執ることなんだ。このまま齢を重ねて、いつか手が震え始めたら、いま名医なんておだてられていても、メスなんて握れやしなくなる。いつかそんな日が来るのが、オレだって怖いぜ」

名医と尊敬される医師がそんな思いを持っているなんて、宮田は思いもよらなかった。

すると、横山も本音を吐き始めた。

「オレだってそうだ。世間的にはうまいタイミングで上場した億万長者とかなんとか言われてるよ。でも、結局、会社を経営している以上、好き勝手に株を売れるわけじゃない。

あくまで見せかけの資産なんだし、突然経営環境が変わったり景気が悪くなったりして株価が下がってみろ。あっという間に資産なんて半分にも3分の1にもなってしまう。変化の激しい業界だから、陳腐化するのだってあっという間さ。オレは独身なのがせめてもの救いだよ」

ちょっとした愚痴が思わぬ話に発展して、宮田は驚いた。

「そうなのか。正直、お前らは将来の不安とか、カネの不自由さなんて考えたこともないと思ってたけど、案外そうでもないんだな」

「うちだって子どもを医大に行かせなきゃならないんだ。私立に行かれてみろ、教育費だって深刻なんだよ。どこも同じさ」

今度は、横山が驚いた。

「何だって？　お前、自分はいやいや医学部に行ったくせに、子どもは医大に行かせようとしているのか？　因果なもんだな！」

「もしも、の話だよ。いまは医者になれてよかったと思っているし、子どもがそんなオレを見て自分も医者になりたいって言い始めたときにカネがないんじゃ、オヤジとしては虚しいじゃないか。万が一にもそういうことのないようにしたいんだよ」


岡部はそう言って、お湯割りの焼酎をひと口含んだ。


「それでさ、リスクをできるだけ避けるために、半年前から不動産投資を始めたんだ」

「不動産投資？　土地やらマンションを売買するってことか？」

「ちょっとお前、大丈夫なのか？　不動産なんてもう手遅れだろう。アベノミクスで、だいぶ値段が上がってしまったあとなんじゃないか？」


意外な展開に二人が声を上げると、岡部はむしろ落ち着き払って、話を続けた。

「いや、地方にいくつかいい一棟ものの中古物件があってさ。長い目で、賃貸経営を始めたんだよ。これでも大家さんだ」

「地方だって？　ちゃんと調べたのか？」

「だって岡部、いま地方は厳しいぞ。オレの田舎なんて、どんどん人口が減っているし、帰省するたびに寂れていく一方なんだ。お前、リスクを避けたはずが、かえって大きくしているんじゃないか？」


大学入学時に上京してきた横山も、心配そうに口を挟んでくる。

だが岡部は、二人のそんなツッコミにも、まったく動じなかった。

「逆だ、逆！　ちゃんといまの状況を考えればすぐにわかることだけど、むしろ地方にこそ、投資の鉱脈があるんだよ。それに、不動産投資は手遅れなんてもんじゃない。これか

ら、どんどんチャンスが広がってくる可能性があると思うぞ。宮田、お前も自分と娘の将来をグダグダ案じる暇があったら、収入を増やす具体的な投資行動を始めてみたらいい」

「待ってくれよ。その話がたとえ本当でも、横山はまだしも一介のサラリーマンのオレに、そんなまとまったカネが用意できるわけないだろう。実家も金持ちのお前とは環境が違いすぎる」

宮田は少し不満げに言い返した。すると岡部は、こともなげにこう言い放った。

「だから、銀行から借りればいいいんじゃないか」

宮田は、びっくりして岡部の顔をのぞき込んだ。

「銀行に融資してもらえばいい。オレだってそうしているし、このまま順調にいったらもう少し貸してもらおうと思ってる。宮田にだったら、たぶんけっこう多くの銀行が、喜んで融資してくれるはずだぞ。時代はマイナス金利なんだ。お前、会社員で金融系のくせに、新聞読んでないのか?」

岡部はちょっとあきれたような表情をしていた。(つづく)

■ビジネスパーソンが、地方で不動産投資？それも地方で金融機関から融資を受けて経営する？

にわかには信じていただけないかもしれません。しかし、この本の前半をお読みいただければ、その両方が、むしろ現在の日本の経済状況を考えると、ごく自然で、しかも成功する確率の高い投資だと感じていただけるはずです。

まずは自己紹介をさせていただきます。私たちJPMC日本管理センターは、不動産オーナーの賃貸物件の獲得、そして経営を通じて、投資家だけでなく、入居者や立地する地域、そして日本社会全体に対して、財産的な幸せとともに、安心、安全、安定をお届けするためのビジネスを行っています。2002年の創業以来、オーナー様や地元管理会社などのパートナー様にご支援いただくことで順調な成長を遂げ、2014年9月にはおかげさまで東証一部上場も果たしております。

私たちは、投資家の皆様にただ物件を買っていただければいいのではありません。当社のテーマは「オーナー資産の最大化」であり、本業は賃貸経営のサポートです。長期間にわたって物件を経営していくオーナー様とは利害が極めて近い立場にあります。買っていただいて終わり、建てていただいて終わり、ではないのです。

さて、そんな私たちJPMC日本管理センターのセミナーを聞きに来てくださるお客様のなかに、最近の傾向として強く感じていることがあります。

これまで不動産投資や賃貸物件経営の主体であった地主や会社のオーナー、士業、医師などに加え、優良企業にお勤めのビジネスパーソンが目立って増えていることです。従来の「資産家」というイメージとは少し異なる方々が、不動産投資を第二のビジネスとして真剣に検討されているのです。

そんな大それた発想を抱くなんて、さぞ年収も金融資産も多いスーパーサラリーマンに違いない、とお考えになるのも無理はありません。でも、そんなことはまったくないのです。

当社が開催しているセミナーでは、賃貸経営をしていく投資家のボーダーラインとして、次の条件をご案内しています。

■給与収入（税込み）　700万円以上
■現在の自己資金　700万〜1000万円程度以上

いかがでしょうか？　この条件を共に満たす方であれば、「遠く」に感じられる「不動産投資」や「不動産賃貸オーナー」も、それほど無理なく手の届くところにあります。

■なぜビジネスパーソンの不動産投資が増えているのか？

アベノミクスで一息ついたかに見える日本経済ですが、世界経済の動向を見てもおわかりのように、先行きは不透明です。

それだけではありません。名だたる大手企業が、ある日突然雇用を維持できなくなるようなケースも、いまだ珍しくないのが現実です。

年収700万円、あるいは1000万円。そのうえすぐに投資可能な金融資産を年収と同じかそれ以上お持ちのビジネスパーソンは、おそらく大企業、有名企業に籍を置いているだけではなく、そのなかでも非常に有能で、周囲の期待に応えて活躍されている方だと思われます。

しかし、そんな方でもなお、自らは死力を尽くして社業に貢献してきたにもかかわらず、年齢や現在の役職によって、あるいは業績不振や被買収、果ては不祥事によるブランド力の失墜など「理不尽」な理由によって、社業に貢献したか否かに関係なく年収が激減し、ポストどころか職まで追われかねないケースも少なくありません。

特に、40代半ばでは、ご家族への責任が増し、教育費の負担も増えてくるなかで、そうしたつらい現実に直面するリスクが次第に高まってくることは否定できません。ご自身の病気のリスクも増していきます。

もしかすると、すでに友人や先輩たち、ご親戚やご近所での現実的な話として、そうしたリスクについて耳に入ってきているのではないでしょうか？

ご自身の人生、そしてご家族のこれからを守るために、最低限のキャッシュフローは確保しておきたい。本業の会社員としての年収を確保しながら、もし不動産投資でも、さらに同じ程度の副収入が確保できたなら？

働き方、人生のオプションは、格段に増えます。

リスクへの不安感を払拭することで生まれる精神面での余裕は、そのまま仕事の成果に寄与するでしょうし、増えた収入を使って豊かに生活することも、さらに拡大させるために再投資することもできます。そして万が一、何かあった時でも、会社員としての収入程度は無理なく確保しているのですから、生活のレベルを極端に落としたり、生活に困ったりすることはなくなるはずです。

さらに、ビジネスパーソンとしての現在の自分に飽きたらず、転職、独立、起業などといった別の意味でのリスクテイクにも寄与してくれます。不動産投資家として金融機関との良好な取引関係を構築しておけば、経営者としての信用が得られますから、いっそうプラスになるはずです。

たしかに少し前までは、不動産投資というとちょっとリッチな層の関心事だったかもしれません。父祖が築いた財産や不動産を受け継いだ方、企業経営者、士業、そして医師といった、一般的に高収入とされる専門職の方々です。

こうした方々は、もちろん現在でも有力な不動産投資家です。経営者としての感覚があり、資産や仕事を失うことに敏感で、そのための備えを怠らなかったからです。

手術に定評のある医師が、もし視力が衰えたり手が震えたりする病気になってしまったら？　もちろん、それまでと同じ仕事はできません。彼らはむしろプロスポーツ選手に近い感覚を持っていらっしゃるのです。

起業して成功した経営者は、意外にも現金資産や収入はそれほどありません。報酬を株やストックオプションで受け取っているケースや配当を少なくして次の成長のために投資するケースが少なくないからです。株価で換算すれば莫大な資産に見えても簡単に売却することはできませんし、大株主である自分が株を売却すれば株価下落の原因にもなります。さらに、業績が傾いて株価が下がれば元の木阿弥です。

では、会社員がこうした方々と同じ土俵に上がって、不動産投資をすることができるのか。その答えは「イエス」です。

理由は、アベノミクスと超低金利、そしてマイナス金利。金融機関が個人投資家の不動産投資に、積極的な融資をするようになったのです。

■不動産投資はもう「手遅れ」ではないのか？

その前に、大前提として、不動産投資などもはや手遅れではないか、という疑問をお持ちの方もいらっしゃると思います。

いわゆるアベノミクスによって、株価や不動産価格がすでに上がってしまったばかりか、円安によって海外からの投資資金も流入し、物件価格が高騰して利回りが悪くなっているだけでなく、よい物件はほとんど買い尽くされてしまい、すでに「宴のあと」なのではないか?

結論から申し上げれば、これらは誤解です。

むしろ、不動産投資の最前線に立っている私たちの目に映るアベノミクス後の最大の変化とは「金融機関が個人の不動産投資家に積極的に融資するようになったこと」で、そして、そのために不動産投資、賃貸経営の機会が大きく広がったことです。

融資の条件に該当する個人のボーダーラインこそが先ほど述べた700万円程度の年収と資産をお持ちの方なのです。

アベノミクス前の経済状況は、ご記憶のように、2008年のリーマン・ショック後、2011年の東日本大震災に至るまで、決してよいものではありませんでした。

日本は大きく関与していませんが、リーマン・ショックと世界経済危機の原因は、サブプライムローンなど、不動産に関連する融資の過度な拡大によって信用が膨張していたところに不動産価格の暴落が襲ったことにあります。つまり、この時点では日本の金融機関も、個人の不動産投資に積極的なところはそれほどありませんでした。具体的には、リーマン・ショック後は物件取得価格の50％程度の融資が限度だったこともあります。仮に1億円の、しかも賃貸経営に好適な優良物件があったとしても、5000万円＋諸経費以上の手持ちの現金がない限り、投資はできなかったのです。

ところが、デフレを止め、緩やかなインフレに転換することを目標にかかげ、「異次元」とも称される大胆な金融緩和を始めたアベノミクス後は、私たちの周囲の雰囲気が一変します。

金利はどんどん下がり、ついに2016年1月以降は「マイナス金利」政策にまで至りました。近年、金融機関の運用手段は国債の保有がメインだったのですが、今後はそのままでは、相当の厳しいデフレに陥らないかぎりかえって損をしてしまうリスクが高まってきたのです。金融機関としては、多少リスクを冒してでも、何らかの有望な事業を見つけて貸し出さなければなりません。

その一方、アベノミクスはさまざまな評価があるなかで、株価の上昇や景気回復をもたらし、投資家の資金は増え、次第に金融機関による個人の不動産投資家への評価も高まっ

図表1　2007年からの株価、ドル／円為替レート、新発10年債利回り

【Nikkei 225】

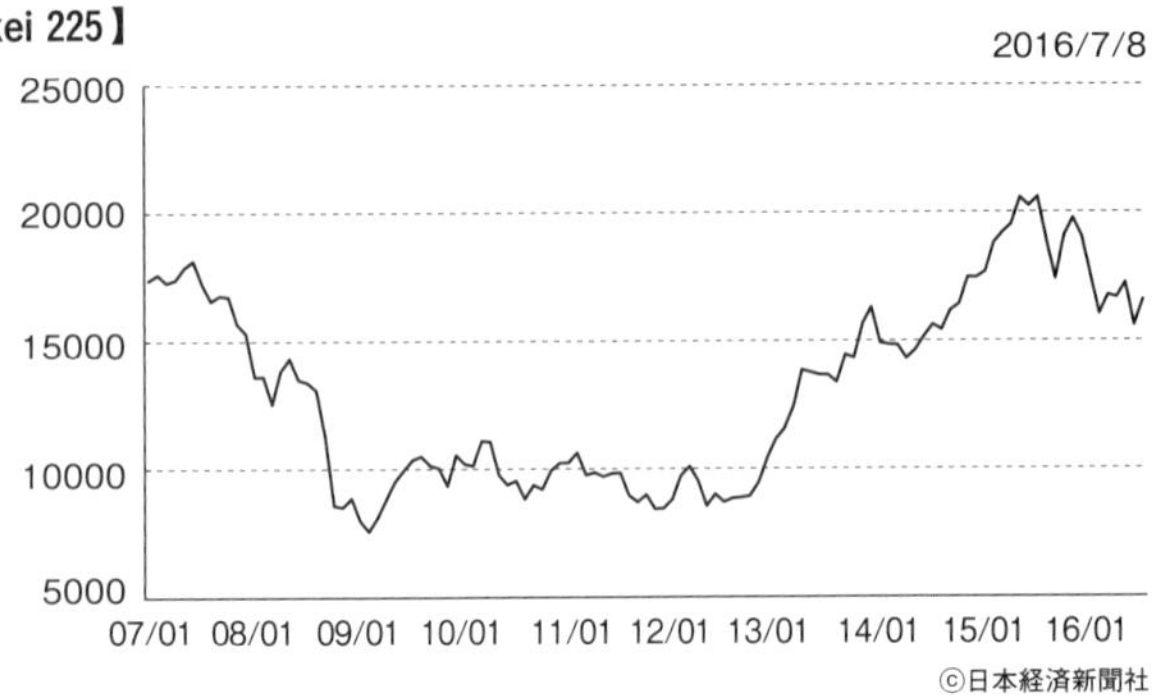

【America Dollar 円為替レート】

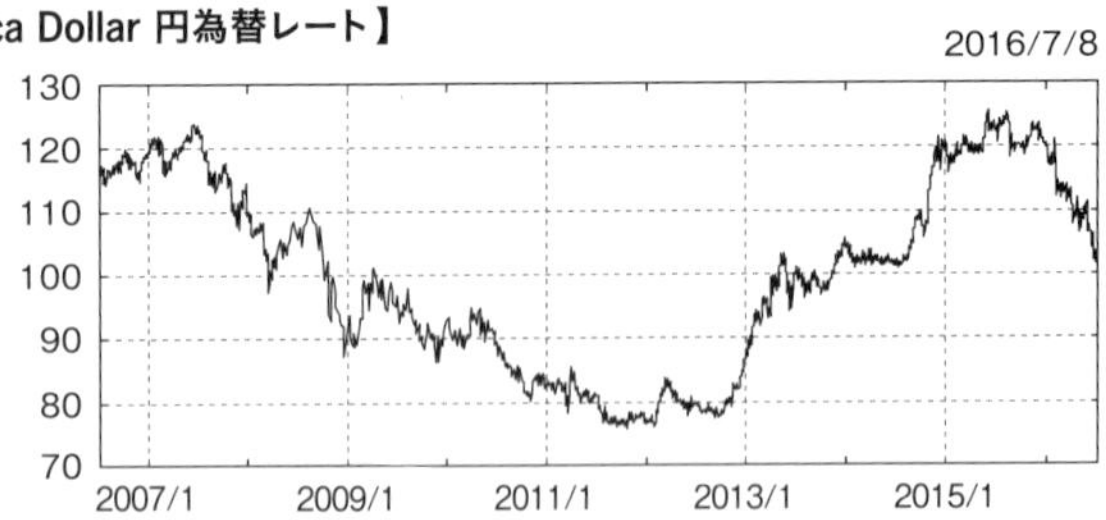

【新発10年債利回り推移】

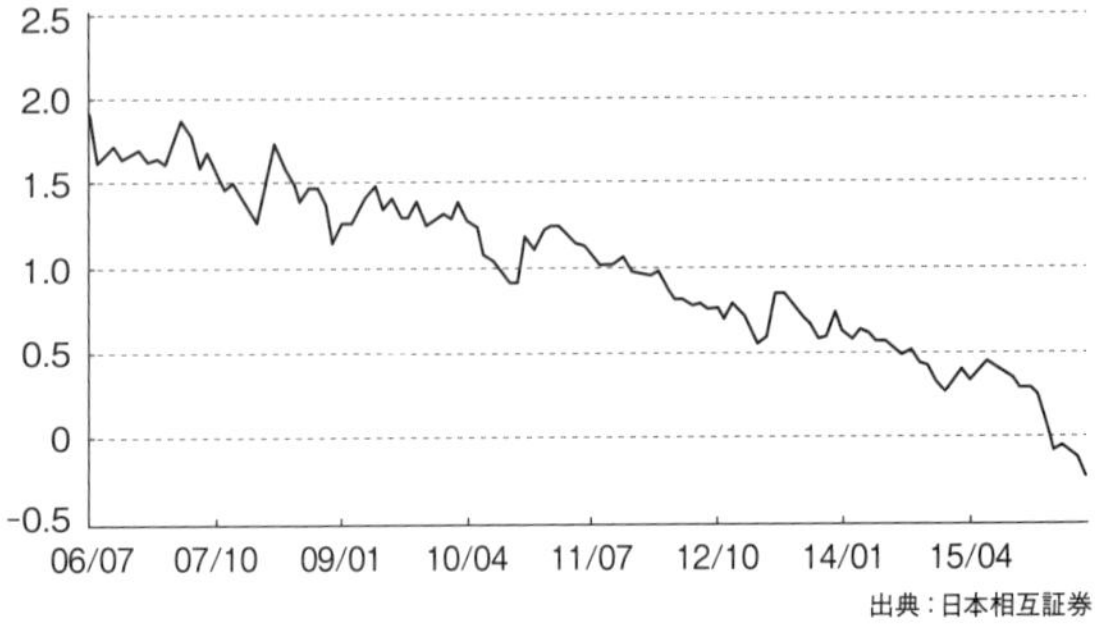

ていったのです。

■金融機関が本当に一般のビジネスパーソンに貸すのか？

現在、金融機関が個人の不動産投資家に提供する資金の掛け目は、最大で物件取得価格の9割程度になっています。つまり、先ほどの例でいえば、1億円の優良物件を購入したい投資家には、最大で9000万円程度を融資してくれる、ということ。自己資金は残りの1000万円＋購入時に必要な諸経費で十分です。

しかも、貸出金利は非常に低くなっています。なにせ時代は「マイナス金利」です。

さらには、9割では賄えない自己資金や諸費用部分に関しても、物件価格全額で融資するいわゆるフルローンや物件価格だけでなく諸費用まで融資するオーバーローンと呼ばれるように、スキームによっては、手持ち資金をほとんど使うことなく始めることすら可能になってきています。

金融機関の動向、そしてさまざまなジャンルの金融機関の特徴や付き合い方、使い方の違いなどは第5章にまとめますが、いまの段階で申し上げたいのは、おそらくこの「9割」

という線が、金融機関として融資の上限だろうということです。かといって、再び8割、7割と掛け目を落としていく傾向も多くは見られず、現状は9割近辺での「高止まり」です。

せっかくだから、金融機関が全額貸してくれればいいのではないか、とお考えになる方もいるでしょう。ただ、金融機関もかつて、そして近年もそれなりに痛い目に遭っています。

古くは、1980年代後半から90年代前半のバブル景気。そしてもうひとつは、リーマン・ショックへとつながるサブプライム危機が顕在化する前の、2007年あたりまでです。

当時は、不動産投資でも、通常の住宅ローンでもフルローン、さらには「オーバーローン」も行われていましたが、リーマン・ショック後は急激に引き締めました。一連の経験に基づいて、現在は、たとえ優良な貸出先でも9割の線を厳しく守ろうという意志が感じられます。

かといって、国債運用に後戻りすることもできません。そこで、9割程度の水準での高止まりが続くと考えられるのです。

金融機関が存在する大きな目的のひとつは、集めた預金を有望な事業に融資し、経済を成長させることです。まして「マイナス金利」政策によって、金融機関にはいまほどその役割が望まれている時代はないかもしれません。

しかし、金融機関には金融機関の本音があります。

もちろん、金融機関が貸せるような、貸したくなるような有望なビジネスは大歓迎です。ただ、実際問題として、そのようなビジネスは、現在の日本には残念ながらあまり見あたりません。優良な大企業は豊富な自己資金を保有していますし、仮にベンチャーから始まって成長している企業があっても、現在では株式市場やマイクロファイナンスをはじめとする金融機関以外からの資金調達が比較的容易にできるようになっているため、金融機関のニーズはかつてほど多くはありません。

本音は貸したい。でも、貸したい人もおらず、資金需要も乏しい。

かといって、国債をメインとした運用を続けるわけにもいかない。

これこそが、「マイナス金利」時代の金融機関が陥っている、極めて現実的なジレンマなのです。

裏を返せば、金融機関の要求する条件に見合い、資金を借りてくれる方は大歓迎ということになります。そこでスポットが当たり始めているのが、個人向けの不動産担保融資です。少しネガティブな書き方をすれば、「消去法」で考えると、いま有望な貸出先は、不動産担保融資しかない、という状況なのです。

お子さんの将来、自分自身のこれからを考えると、もちろんお金はいくらあっても困ることはないでしょう。しかし、日本経済を俯瞰すれば、状況は正反対とも言えます。全体としてはお金が余ってしかたがなく、使うあてもありません。誰も借りてくれない、誰も使ってくれないために困っているのです。

この状況にぴったりの個人の不動産投資家こそ、冒頭の「宮田氏」のような、比較的高所得の一般ビジネスパーソンです。

かつて、ビジネスパーソンが大家さんになるケースはまれでした。その状況を一変させたのが、有名な『金持ち父さん　貧乏父さん』（ロバート・キヨサキ、原著1997、邦訳版2000、筑摩書房）です。

内容はご存知の方が多いでしょうから省きますが、私たちの視線で申し上げれば、この本によって不動産投資のマーケットに一般の、しかも現役で活躍しているビジネスパーソンが参入するようになったこと、そして、金融機関にとっても彼らは有望な貸出先となることを示す大きなきっかけになったと感じます。

現に社会的地位を得ていて、アッパーミドルクラス以上の所得があり、現役として仕事に励みつつ、豊かな教養と知識で、経済動向やビジネス感覚への理解や勉強を欠かさない人たち。それはすなわち、主に都市部で暮らしている有能なビジネスパーソン、相対的に高い給与所得を得ている方たちなのです。

■不動産は「爆買い」されてもう手遅れなのでは？

アベノミクスが招いたもうひとつの大きな変化は、異次元の金融緩和による円安です。もっともこれは、英国のEU離脱問題によってすでに元に戻った感がありますが、日本中の観光地が外国人観光客であふれ、小売りの現場は「爆買い」の恩恵を受けたことは記憶に新しいところでしょう。

こうしたなかで、豊かな資金を持つ外国資本が大型不動産物件に投資するニュースをご覧になった記憶があるはずです。また、デパートや高級店で金に糸目をつけず「爆買い」をする外国人（主として中国系）富裕層が、同様に東京都心部で高級マンションを購入したり、高級別荘地に物件を求めたりする動きがある、などというニュースをご覧になりませんでしたか？

こうした動きはたしかに存在しました。ただし、結論を先に申し上げますと、日本の個人のビジネスパーソンが行っている不動産投資、賃貸経営には、ほぼ無関係と断言できます。

まず、外国の大資本が手がけた日本の不動産物件は、大型のオフィスビルや商業施設など、少なくとも数百億円規模のものです。住宅であっても、それは東京都心部の数十億円規模のものに限られます。いま本書を読んでいただいている方のなかに、こうした巨大な物件を念頭に置いている方は、おそらくいらっしゃらないはずです。要するに、まったくといっていいほど「別世界」のできごとです。

そして、中国を中心としたアジアの富裕層が、たとえば豊洲のタワーマンションの最高級物件を買い求めたり、北海道に別荘を建てたりしているというニュースがありますが、これもまたほぼ無関係と言えます。

彼らの購入目的は、今後の生活の拠点として、別荘として、あるいは万が一の際の「避難先」としての実需がベースであることがほとんどです。その場合でも、本命はアメリカやカナダ、台湾などであり、日本はメインのマーケットではありません。

そもそも現時点でうなるほどのお金を持っている人たちですから、新たに日本で賃貸ビジネスをしようとする動機もありませんし、仮にするなら海外にも名が知られているような土地勘があるところで始めようとするはずです。むしろ彼らには、流動性の高いREIT（上場型不動産投資信託）などへの投資が適していると考えるはずです。国内の金融機関も、仮に彼らが日本で不動産投資を始めたいと考えたとしても、有望な融資先とみなす可能性は低いでしょう。なにせ、言葉も商習慣も違うのですから。

では、本書の読者の方々は、豊洲のタワーマンションの最高級物件を経営したり、北海道で別荘をビジネスにしたりしようとお考えでしょうか。これもまったくといっていいほど重複しません。

新たな買主候補、需要家が出現したことで、豊洲や港区の最高級物件は何割か価格が上がったでしょうし、北海道の別荘地にも値段がついたことは事実ですが。そのことと、日本で暮らしている日本人のビジネスパーソンがこれから始める賃貸経営とは、ほとんどリンクしないのです。

むしろ、今後は円高への反転で彼らの資金流入は鈍ってくるはずです。

図表2　不動産投資物件のマーケットピラミッド

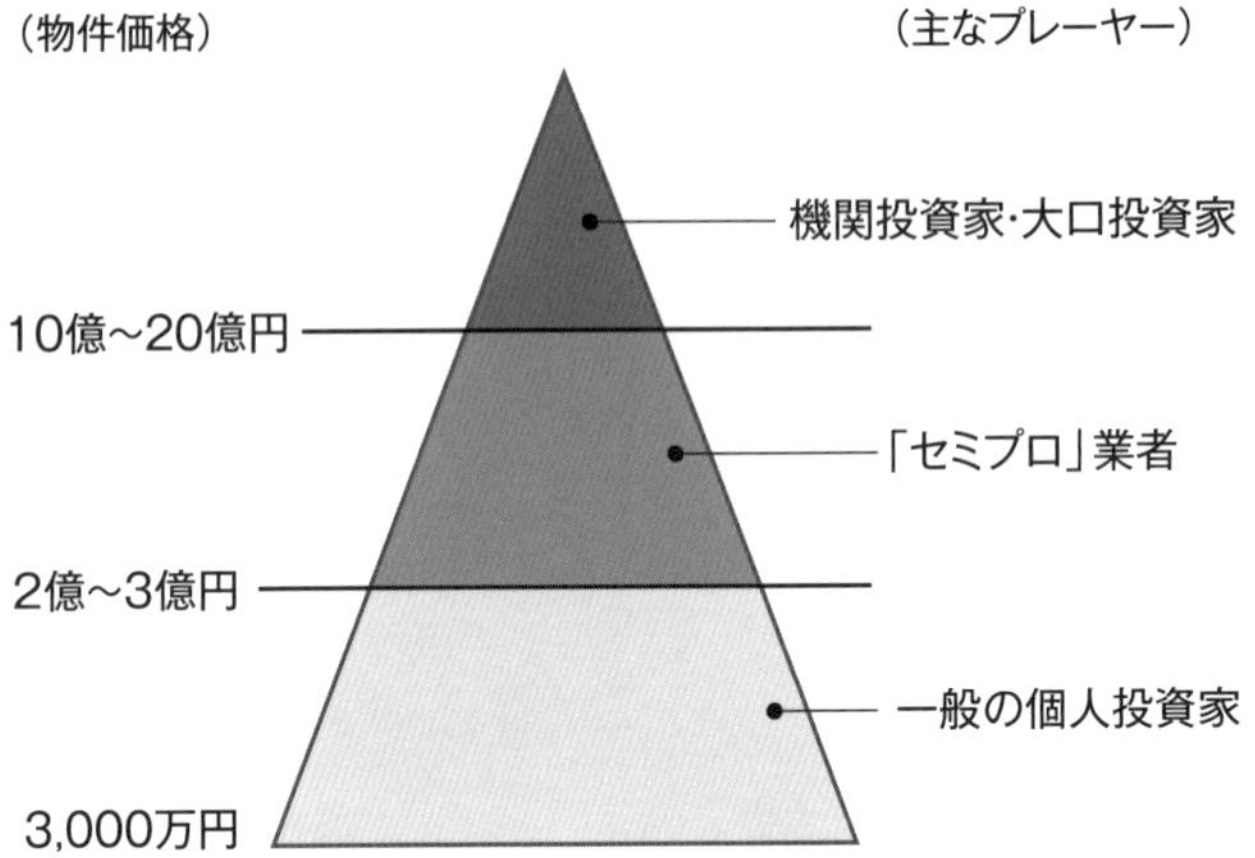

■個人投資家が本当にメインプレーヤーになれるのか？

本書でご紹介していく不動産投資は、まさに個人投資家向きのマーケットであり、個人投資家向きの価格帯のものです。これまでの話も含め、表にまとめました（図表2）。

いちばん上の、10～20億円以上の物件を、個人、それも一般のビジネスパーソンが自力で手がけることは、申し上げるまでもなく現実的ではありません。仮にできたとしても、分散しにくくなるためリスクが高くなります。ここは、ＲＥＩＴやファンドなど、大口の投資家だけが手がけているマーケットです。都市部の一棟マンションや、中規模の商業ビル以上の物件を想像していただけるといいでしょう。

少し難しい話になりますが、この規模の物件は「信託受益権」が設定できるギリギリの線になります。細かな説明は省きますが、ある程度コストをかけることによって、REITや投資信託などが投資できる、投資することがビジネスとして成立するボーダーラインです。

つまり、10億円以下の物件には、「信託受益権」の設定が難しい（コストに見合わない）ため、REITやファンドといったプロの投資家は手を出しにくくなります。言い換えれば、どんなにいい物件であっても、サイズが小さすぎて、プロ向きとしては使い勝手が悪いということです。

次に、2億～3億円のところに線を引くことができます。これは明確な区切りがあるわけではありませんが、不動産取引の最前線にいる私たちの感覚では、この線より上が、いわゆる「セミプロ」のフィールドであり、当社にとっても、自社保有物件の経営はこの規模以上が対象です。

そして、3000万～3億円のあたりが、まさにアッパーミドル層のビジネスパーソンに最適のゾーンではないかと考えています。というより、ほかのプロフェッショナルなプレーヤーにとっては、小さすぎて入っていきにくいところです。

ただし、「セミプロ」のなかには、アッパーミドル層への転売目的で積極的にコミットしているプレーヤーもいます。この点については、第2章で詳しく見ていくことにしましょう。

■不動産価格が上がれば、期待利回りは下がるのでは?

次に気になるのは、3000万~3億円の優良物件の多くが、本当にいまだ手付かずでマーケットに残っているのか、ということになります。

答えはイエスでもあり、ノーでもあります。

というのは、株式市場や為替市場とは異なり、不動産市場には完全に同じ物件はほかにはないからです。

ではまず、不動産市場全体としての価格動向を確認するためにはどうすればいいのか。

ここで確認しておきたいのが、「期待満室利回り」という概念です。

図表3　期待満室利回りの計算例

期待満室利回り　10％ ＝ 満室時年間賃料　1,000万円 ／ 物件の取得価格　1億円

ご存知でない方のために簡単にご説明しておくと、取得する物件価額に対して、満室で推移した場合の年間収入が何パーセントに相当するか、という指標です。たとえば、取得価格１億円に対して年間の満室時収入が１０００万円であれば、期待満室利回りは10％という計算になるわけです（図表３）。

通常、期待利回りは個別の物件を見る際の判断材料となります。あの物件は築年数は浅いが７％、こちらはもう少し古いが11％、さてどうしようか、という時に参考になる数字です。

ところで、株式市場には、日経平均株価やＴＯＰＩＸ（東証株価指数）といった、指標が存在します。個別の株価を何らかの方法で計算し、市場全体の動きを知るために作られています。為替市場には、通貨ごとに明確なレートがあります。

さまざまな物件が取引されている不動産市場において、この種の指標を作りにくいのは言うまでもありませんが、ひとつ参考になる情報があります。「健美家《けんびや》」という不動産投資情報ポータルサイト

図表4　区分マンション、一棟アパート、一棟マンションの平均利回り

出典：不動産投資と収益物件の情報サイト　健美家

2015年4-6月	区分マンション		一棟アパート		一棟マンション	
	平均利回り(%)	前年同期比	平均利回り(%)	前年同期比	平均利回り(%)	前年同期比
登録物件	12.69	−0.19	12.24	−0.40	10.56	−0.34
問合せ物件	16.73	+3.31	14.77	−0.51	12.72	−0.38

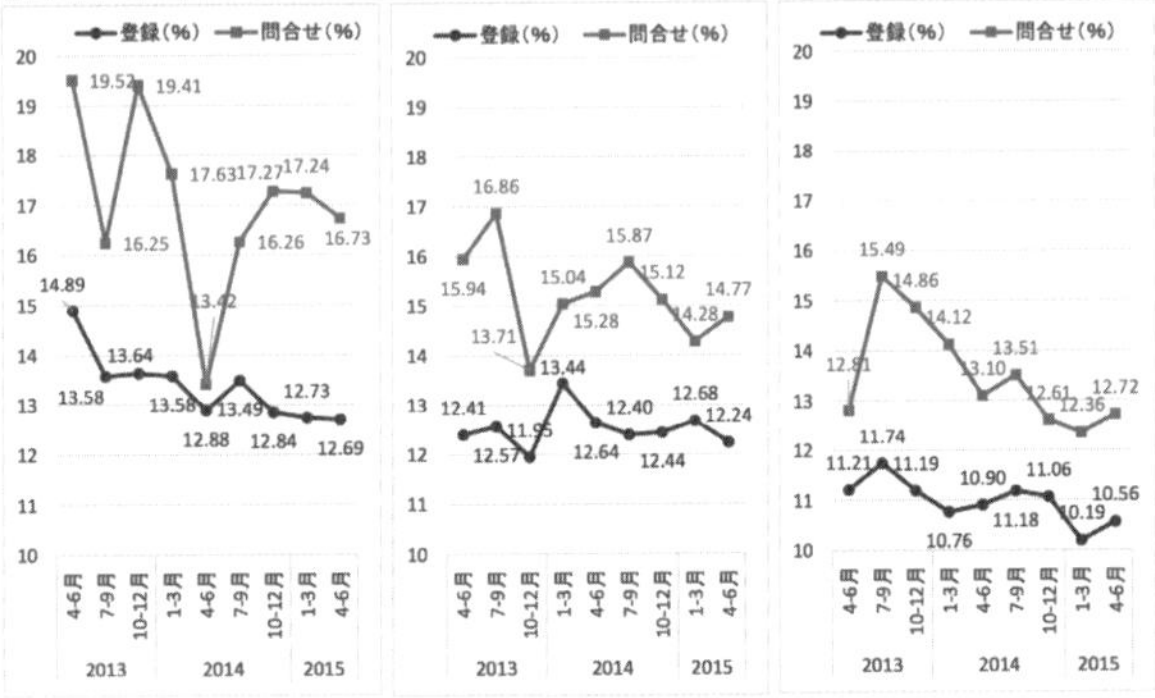

には、同社が扱っている物件の期待利回りを合成した指数が公表されているのです。

図表4をご覧ください。全国の区分マンション、一棟アパート、一棟マンションの登録された物件や問い合わせがあった物件の平均利回りがグラフになっています。利回りが下がるということは、先ほどの計算例から考えると「価額が上がっている」ということです（ただし、登録や問い合わせベースなので、成約価格での利回りはこちらではわかりません）。言い換えれば、すでに不動産投資は人気があり、多くの投資家が参入していることがうかがえる、というわけです。

そら見たことか、とお叱りを受けてしまうかもしれません。少なくとも、利にさとい人はアベノミクスのスタート後、早くから不動産投資を始めているため、いまでは工夫なく彼らほど簡単に収益を得ることは難しいかもしれません。

ただし、先ほどご覧いただいた「健美家」の表には、大切なポイントがあります。

これはあくまで、全国平均なのです。

全国平均ということは、価格が高く、取引物件の数も多い東京を始めとする都市部の動向に引っ張られやすいのです。

■なぜ「地方」なのか？

ここで初めて、なぜ「地方」なのか、そのヒントが見えてきます。

取引の現場に立っている私たちの目には、エリアにもよりますが、地方の投資物件価格のピークは2014年頃だったと映っています。そして現在は、当時よりも金利が低く、融資も得やすくなっているにもかかわらず、物件価格はむしろ横ばいから下落傾向になってきています。

首都圏を見ると、東京都心部をはじめとする23区内や横浜市、川崎市の一部ではまだ値上がりが続いていますが、千葉県や埼玉県、神奈川県の横浜・川崎両市以外ではすでに下落を始めていると思われます。

こうした状況の背景には、金融機関の融資姿勢が緩むなかで株価の上昇が続き、買主候補の力が最大限高まり売主が最も売り惜しんだタイミングが、2014年頃だったということです。その後、金融機関の掛け目は9割で止まり、株価も一進一退から弱含みへ向かい始めると、買主候補も売主も次第に冷静になり、期待利回りを見ながらお互いの「いいところ」が見え始めてきているのです。

こうした感覚は、もし読者の皆様が東京都心部やその周辺にお住まいなら、案外感じにくいものかもしれません。ご近所や周囲では、まだまだ土地を売り惜しんで駐車場などになっているところが目立つでしょうし、土地や物件を所有している方にも焦りは感じられません。ただそれは、日本全体においては都心とその周辺だけの「特殊」な現象という認識を持っておいたほうがよさそうです。

■民泊需要や東京オリンピック需要で価格が高騰しているのでは？

不動産市場の上昇の理由としてよく語られているのは、少し前ですとオリンピックの東京開催決定、そして最近では外国人観光客需要の増加による民泊です。

たしかに、オリンピックは華やかで、話題としてはわかりやすいのですが、実質的にはあまり関係はないと考えていいでしょう。私たちプロの間でも、それほど材料視していない方も多く見受けられます。

むしろ期待だけ先行して買われているのであれば、今後はその分が剥がれていくだけですから、かえってリスクになるはずです。だからこそ、東京オリンピックとは関係のなさそうな地方に目を向ける理由にもなります。

民泊は、オリンピック需要よりは現実味のあるテーマです。しかし、不動産物件の実勢価格に影響を及ぼしている、というよりは、むしろ株式市場などで関連企業を物色するための材料として消化されている感があります。

裏を返せば、不動産投資のプロたちが、ビジネスとして民泊を始めるために物件を買い漁っているという動きは、まだ目立っていません。そうこうしているうちに円高が定着し、民泊需要そのものがしぼんでしまう（ホテルで間に合う）、というシナリオも十分現実的でしょう。しかも、文化や風習の異なる外国人観光客を一般住民が生活している物件内に引き入れることは、一般的に申し上げてトラブルが起きる可能性を高めることは否めず、資本力のある企業が参入するには低くない壁があります。

たしかに、築年数の古い物件を再生する際のフックとして、民泊はある程度有効かもしれません。一方で、もともと現在の民泊ブーム自体がインターネットやスマートフォンの普及を前提として存在しているため、よい民泊であればそれなりの価格がつき、同等のホテルとの価格差は縮小していくはずです。物珍しさで、話題になるうちが花で、長い目で見れば単にホテルの客室数が何割か増えたことと大差はなさそうです。

規制が緩和されても、不動産投資の動向に大きな影響はなく、当然過度な期待はしないほうがよさそうです。

■これから不動産市場はどうなるのか？

不動産市場の予想は簡単ではありません。そこには、景気や金利の動向が関わってくるからです。私たちはもちろん、著名なエコノミストも、優秀な官僚も、経済動向が手に取るようにわかる人などいません。

ただし、ほぼ確実に言えるのは、金融機関の不動産担保融資に対する姿勢がこれまで以上に緩くなることはない、ということです。

50代以上の方であれば、「第二抵当権」という言葉を聞くと、ぎょっとする人も少なくないでしょう。これは、平成になったばかりのバブル期に見られた、すでに抵当権（第一抵当）がついている不動産に対して別の債権者が融資する際の抵当権です。債務が返済不能になった場合、多くのケースでは回収が難しいか、ごくわずかしかできません。それでもバブル期には第二抵当権によって、総額として物件価格を超える貸出(オーバーローン)が盛んに行われ、信用が過剰に拡大してしまいました。

こうした動きが、その後のバブル崩壊から住専（住宅金融専門会社）の経営危機、さらに日本全体を覆う金融危機へと至っていく出発点のひとつになったわけです。

私たちはこの第二抵当権を使って、自己資金ゼロでの投資を可能にするスキームをご用意していますが、なぜ本業ではないにもかかわらずそうした貸出をしなければならないかといえば、現状では金融機関がそれ以上は貸してくれないからです。そのくらい、現在であっても過去の傷への恐れ、そしておそらく金融当局の指導があるのではないかと考えています。

２０１５年11月28日に時事通信が配信した記事に「不動産向け融資、バブル期並み＝金融庁、地銀の監視強化」という見出しがありました。私たちなりに想像すると、これはバブル期の反省と経験を踏まえれば、そろそろやりすぎなのではないか、という金融当局の牽制球とも読み取れます。しかし、２０１６年２月21日付の日本経済新聞１面では、２０１５年度も不動産向け融資の総額では拡大が続き、10・６兆円と「バブル期を超え、26年ぶりに過去最高となった」と報じています。

今後、金融機関側から９割を大きく超えて融資枠が広がる可能性は低そうです。

一方で、すでに述べた通り、アベノミクスの延長線上にある「マイナス金利」という金融政策は、要するに金融機関に対して貸し出すことを強く求めてもいます。中国経済の減速やＥＵ問題などを踏まえ世界経済の先行きに不安が高まるなか、これ以上の円高を招かないためにも、むしろ一段の金融緩和が求められています。ただし、有望な事業資金のニーズは限られています。

ということは、金融機関はもっと貸したい、あるいは、マイナス金利が金融機関の業績に及ぼすネガティブなインパクトが大きすぎて、貸さないわけにはいかなくなっているのです。それにもかかわらず、不動産担保融資において同じ投資家に9割以上貸し出すわけにはいかないため、新しく参入したいと考えている有望な投資家を待っている、という流れになっているのです。

貸出の対象になる個人であれば、これまで通り大歓迎なのです。問題は、どの物件を買うか、そしてどう賃貸経営し、資産を増やしていくかなのです。

第1章まとめ

最後に、この章で見てきた重要なポイントをまとめておきます。

全体としては、現在までとあまり変わらない状況が今後も続くと予想されます。不動産に対する融資は増加し、規制がかかる可能性は否定できないものの、ほかに有望な貸出先もないため、金融機関は現在の姿勢をキープしていく可能性が高いと思われます。

そして、いまだに物件価格が上昇している東京などの都心部に比べれば、地方には期待できる物件が存在しています。すでに期待利回りも反転し始めており、問題はどう選んでいくかにありそうです。

不動産投資、賃貸経営に、まだまだチャンスが隠れているという可能性だけでも、実感していただけたでしょうか。

次の章では、巷間、当たり前だと考えられている「不動産投資の間違った常識」について、現場で多くの取引や賃貸物件運営に参加している私たちの見方をお伝えしていきたいと思います。おそらく、いろいろな「びっくりネタ」をご紹介できるはずです。

第1章のポイント

- 一般のビジネスパーソンでも不動産経営に十分参入は可能
- 不動産投資のポイントはいかに金融機関から有利な融資を引き出すか
- 金融機関の融資姿勢は高止まりが続いている
- 実勢の投資不動産価格は、都心部を除き下落傾向
- いまだ上昇の続く都心部よりも、地方にチャンスあり
- 不動産投資は「手遅れ」ではない

第2章

間違いだらけの
「不動産投資の常識」

Scene2

由加社長の経営方針

宮田誠（大手損害保険会社の部長代理）
岡部直樹（都内有名私立病院の消化器外科副科長）
横山大輔（IT企業の経営者）
岡部由加（直樹の妻）

「らっれおはへ、おわえらってほんらヒワやらいやろ」

宮田は、この店の常連客だけに供される裏メニュー、ジャンボオムそばを頬張ったまま、何やら岡部に質問を始めた。

「何だって？　ガキじゃないんだから、ちゃんと食ってから言えよ」

すると今度は隣の横山が口を開く。

「いや岡部、オレには宮田の言いたいことがよーくわかったぞ。『だって岡部、お前そんな暇はないだろ?』って言ったんだろ? いま」

宮田は口の中のものをビールで流し込みながら、ぶんぶんうなずいた。

「そうそう、そうなんだよ。お前、名医で患者さん待たせている身なんだから、めちゃくちゃ忙しいはずじゃないか。マンションを一棟買いして大家さんになっただなんて喜んでるけど、そんな暇がどこにあるんだよ? オムそば注文するのとはわけが違うんだぞ」

「オレもそう思う。何でも買えばいいってもんじゃないだろうし、売主や銀行との交渉事があったり、法的な手続きもあったりするだろう? それに賃貸物件の管理をしてくれる会社を探したりするんじゃないのか? なのに、この前会った時にはまだ何も言っていなかったじゃないか」

横山も、不安と不満が交ざったような顔をしている。

岡部は、ニコニコ笑っていた。

「悪い悪い。前にお前らに会ったのって、半年くらい前だったっけ？　その時にはもう不動産投資のことが頭のなかにあって、カミさんといろいろ話をしていたんだけど、まだ研究中だったから、お前には何も言わなかったんだよ」

「お前、昔から金払いはたしかにいいやつだけど、金持ちの医者の息子らしく、わりと疑り深いほうじゃないか」

「なんだよ宮田、やなこと言うなー。まあ否定はしないけどな」

横山は、少しきな臭い話を振ってきた。

「そんな用心深いお前がだ、半年足らずで全部決めちゃったってことなんだろ？　ちゃんと考えたのか？　土地持ちの農家が何も知らずにアパート建てて、10年たったら入居者が誰もいなくなって手詰まりになる、なんて話は、オレの田舎のほうじゃわりとよく聞く噂なんだよ」

「たしかに。とにかく建てさせて、気づいたら人口減ってニーズも減りました、家賃下げなきゃならないなんて、銀行からもっと長い期間で借入していたらシャレにならないじゃないか。だいたい、これからは地方どころか日本全体の人口が減っていくんだぞ。その辺、考えているのか？」

宮田も、ちょっと金融業界人らしい心配をしてきた。

「物件買うのを決めたのはすごく早かったよ。しかももう、ビジネスとして回り始めている。初期費用だけ消化すれば、３年後には十分な利益が出るはずだ」

「そもそも、どこにどんな物件を買ったんだよ？」

「うん、カミさんの出身地の○○県なんだ」

岡部の妻、由加は、ドルフィンズの後輩メンバーだった。宮田や横山とも面識がある。ずいぶん長い間付き合って結婚した。結婚するまでの数年間は会社勤めだったが、いまは専業主婦だ。

「そうなのか。そりゃあ由加ちゃんも喜んだだろう？」

「まあ、ちょっとな。そこにマンションを2棟、築20年と24年だったかな？　ほぼ同時に買ったんだよ。なかなか素敵な建物だぞ」

「マンション？　要するに鉄筋のってことか？　アパートみたいなのじゃなく？」

「そう。『RC造』っていうんだ」

岡部はちょっと自慢げだ。思ったよりビジネスの規模が大きく、宮田はいっそう気にかかった。

「鉄筋のマンションってことは、決して安くはないだろう？」

「そうだな。2棟で2億ちょっとだったよ。でも現金を使ったのは諸経費の何百万かだけで、あとは全部借りている。それでも十分回る計算なんだ」

ある程度の収入と資産があるからなのか、実家に余裕があるからなのか。宮田には、落ち着き払った岡部がちょっと別世界の住人のように見えてきた。

「岡部、それはそれとして、そんな巨額の買い物なんだから、本当に安心できる会社から買ったのか？　噂レベルだと、あまりよろしくない業者もなかには交ざっているって話を聞いたことがあるぞ」

「オレのところにも、どこから調べたのかいろんな会社が飛び込み営業や電話をかけてきて、いつも閉口しているんだ」

横山は、いかにも億万長者らしい愚痴を口にした。宮田の心配は尽きない。

「だいいち、その不動産が本当にいい物件とかなんとか、お前にわかるのか？　手術はできたって、建物の良し悪しとか収益性なんて、オレ以上に素人だろう？」

「そう。だから信頼できる仲介業者にお願いしているし、いろいろ教えてもらったよ。カ

ミさんの出身地だっていうのは、土地勘がいろいろあるし、情報も集めやすいしでわりとメリットは大きかったよ」

宮田はまだ食い下がる。

「仲介業者って、中抜きされるのがオチなんじゃないだろうな？　そもそも由加ちゃん、不動産に詳しいんだっけ？」

「いや、オレと一緒にいろいろ勉強したよ。おかげで、子どもの教育以外で共通の話題が増えたのは、思わぬ副産物だな」

岡部は、宮田たちの心配などどこ吹く風といった風情でニヤニヤしている。そんなことをせずとも、案外夫婦仲はいいはずなのだが。

「まあ、うちのカミさんも、形の上だけでも社長となれば、いろいろ勉強にも身が入るってもんだろう。かわいい娘の将来のためにも、立派な経営者になってもらわなきゃならないしな」

岡部は、またまたとんでもないことを口にした。

「社長？　由加ちゃんがか？」

「何の会社の社長になったんだ？　不動産以外にもビジネスを始めたのか？」

「いやいや、うちの不動産を購入し、賃貸経営をしていくにあたって、最初から会社を作ったんだよ。そのほうが何かと便利なんだ。でも、税制上はオレが社長になると不利だから、カミさんが代表取締役になったわけさ。それでも本人は名刺なんか作っちゃってさ、まんざらでもなさそうなんだよ」

岡部はそう言って、かばんから名刺入れを

取り出し、一枚のシンプルな名刺を二人に示した。そこには、

《岡部和幸エステート株式会社　代表取締役社長　岡部由加》

と書かれている。裏面には英文まで入っているという凝りようだ。

「驚いたな。どうやら冗談の会社ごっこじゃないみたいだ」

「ノリノリで、わざわざデザインをどこかの会社に頼んでたぞ。結婚する時は、本当はもっと働いていたかったらしいから、いまから社長になりきるつもりらしい。これで多少でも積年の思いが癒やされるなら悪くはないよ」

宮田は開いた口がふさがらない。横山は社名の由来を尋ねた。

「和幸は『わこう』なんだけど、カミさんが昔から男の子が生まれたら『和幸《かずゆき》』って名付けたいってずっと言ってたんだよ。会社の名前を何にしようか考えた時に、真っ先にそれ

を思い出したんだってさ」

宮田は、だんだん面白くなってきた。

「それで、岡部由加社長の経営方針はどんな感じなんだ？　御社の経営は、どんな物件を取得するかに大きく左右されるんだろう？」

「地方の物件は、東京とは常識がいろいろ違って面白かったよ。どの駅から何分なんて判断材料にもならないし、カミさんに言わせれば、それぞれの土地、それぞれの地区には外部の人間には見えないいろんな歴史が積み重なっていて、地元の人たちはいまでも多かれ少なかれそれに支配されているっていうんだ。そういうのは、東京育ちのオレたちにはなかなかわからないことだったよな」

横山は、ベンチャー企業を上場した、経営者としては一流の部類に入る人間である。経営判断の楽しさも、難しさ、厳しさもよく知っている。

「お前だって会社の役員なんだろう？　由加ちゃんの判断に全面的に任せているのか？」

「まあ、そうだな。お前らも言ってたようにオレも忙しいし」

「どんなにやる気があったって、しょせんは素人だろう？　肩書が人を作るってこともあるけれど、それにしたってそんなに短期間で高い買い物をしちゃうのは、相当センスがあるか、よほど怖いもの知らずのどっちかだ」

岡部は声を上げて笑った。

「たしかに、カミさんはカラッとしているし、あれこれ悩まず言い訳もしない性格だから、意外と経営者に向いているのかもしれないな」

岡部は店員をつかまえ、お湯割りのおかわりを注文する。

「でも、どんな物件を買えばいいのかって、案外簡単に絞り込めちゃうものなんだよ」

「本当かよ。利回りとか、築年数とか、いろいろ大事な要素がありそうじゃないか」

宮田は納得しない。だが岡部は言い切った。

「たしかにそうなんだけど、要するにそれを総合すると、結局、銀行が融資する物件か否かでほとんど説明できちゃうんだ」

横山は、すぐには呑み込めない様子だった。

「そりゃたしかに、銀行から融資を受けて買っているんだから、銀行が融資しない物件を買うことなんてそもそもできないだろうけど……」

「そんな、他人任せな感じでOKなのか？」

宮田は再び不安になってきた。

「自分の目と、銀行のOKがあれば、そうそう間違うことはないし、銀行が喜んで融資する物件は多くは存在しないんだ。だからソッコーで買わなきゃならんってことだ」

二人には、まだ腑に落ちないようだった。

「なんだか今日は、オレがしゃべってばかりじゃないか。なあ、そろそろホッケでも頼もうぜ！」

■不動産投資の「常識」を検証する

私たちは、自信を持って「不動産のプロフェッショナル」を称していますが、正直に申し上げますと、世間一般で流布されている「不動産投資の常識」なるものには、勘違いや嘘、時代遅れ、そしてあまりにも売主側や仲介会社の理屈にとらわれすぎているものがあります。不動産投資の入門書にも、その類いのものが散見されます。

第2章では、間違いだらけの「不動産投資の常識」について、いくつか代表的な例を挙げて解説していきます。一方でこれは、生きた不動産投資のノウハウとして、必ず実践のお役に立つはずです。

■不動産投資は「何を買うのか」ではなく「誰から買うのか」が重要

最初に強調しておきたいのは、不動産投資においては、「何を買うか」、すなわちどのような物件を買うか、という物件の選別よりも「誰から買うか」、つまり売主や仲介会社の選別のほうが、重要であるということです。

最もわかりやすいケースを考えてみましょう。不動産売買、そして賃貸でも、広告を出している人がその物件とどういう関係にあるのかは、必ず明記されています。代表的なのは、「売主」、つまり物件の所有者本人と、「仲介」、つまり売主の代理として、売主と買主候補の仲立ちをする業者です。

では、どちらから買うべきでしょうか？

本書をここまで注意深くお読みの方ならともかく、何も予備知識のない人に問いかければ、ほぼ１００％「売主から買うべきでは？」と答えるでしょう。

理由は、売主は自分自身が物件を保有しているから、そこから直接購入したほうが、手数料などの中間マージンが少なくて「ぼったくり」に遭う心配がないから安心だ、というものです。実際、売主となっている企業は、広告などで「自社物件です」とか、「中間マージンなし」と謳っています。必ずしも間違いではありません。

しかし、だからといって「売主」から買うことが必ずしも正解ではないのです。

次のようなケースを想像すれば、一気に考えは変わるはずです。

77ページの図表をご覧ください。その物件の「もともとの売主」から入手した業者は、

図表5　売主から買うことが本当に賢明？

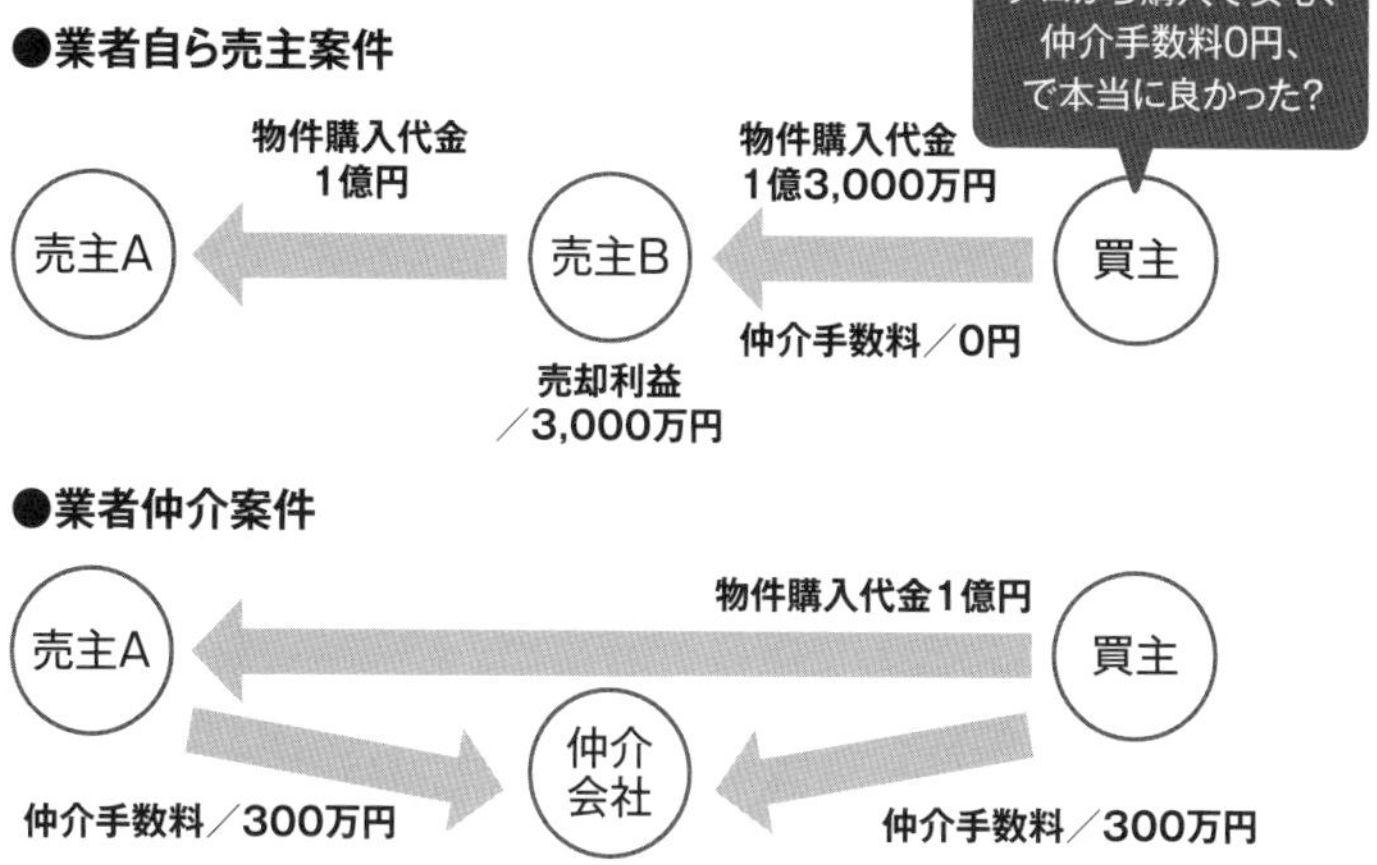

その時点では物件の保有者ですから、買主候補には当然「売主」として接します。しかし、行っている行為は、事実上の転売です。

仮に、もともと1億円の物件があったとします。転売を狙いつつ売主として振る舞っている業者は、そのまま転売したのでは意味がありませんから、当然に価格の上乗せを行います。では、いくら上乗せするのでしょうか？　その基準のひとつは、「仲介手数料より高い」ということにほかなりません。

そのまま仲介したのでは、仲介手数料分しか取れない。仲介手数料は「宅建業法」という法律で決まっています。「3％＋6万円」と上限が決まっています。仮に、売主と買主双方の仲介（「双方代理」という）を行ったとしても、「6％＋12万円」〝しか〟手数料を得ることができません。それならば、いったん買い取った形にして売主と化し、仲介手数料以上の、ひょっとしたら大幅に高額な上乗せをしてしまおう、ということなのです。

そんなうまい話が、とお考えかもしれません。では、不動産のプロではない個人投資家が、プロが見れば1億円と評価する物件を、1億1000万円、あるいは1億1500万円でも、「当社売主、仲介手数料無料！」と書いて売り出されていたら、果たして正当な評価を下せるでしょうか？　まず無理と言えます。

実際は、1億3000万円くらいで売り出されていたとしても、何も知らずに買ってしまう人は出てきます。売り手は「売主」になったかいがあって、仲介手数料で儲けるよりも、大幅な「中抜き」ができたということにほかならないのです。そして、この行為自体に違法性はありません。

ただし、買主にとって物件の取得価格はその後の賃貸経営の収益に大きな影響を及ぼす重要なポイントです。

■理想的な物件取得のかたちとは？

では、不動産の取引において理想的な物件取得のかたちとはどんなものになるのでしょうか。

無論、どのような仲介業者が入るかによって異なってきますが、要注意なのは、売主と買主の間に、それぞれの代理をしてくれる仲介業者以外に業者（「あんこ業者」という）が介在している場合です。

図にして比較してみましょう。

図表6の上は、比較的健全と思われる形態です。裁判をはじめとする法的な交渉事のように、売主側（元付）と買主の利益のために働く仲介業者がつき、プロ同士で話ができる状況です。これは「売り買いわかれ」の状態と呼んでいます。もちろん、その業者自体の質がよいか、実力があるかなどの問題は残るものの、形としては至極まっとうです。

一方で注意を要するのは、下のように、売主と買主の間に三者以上の仲介業者が介在している場合です。

図表6　間に入っている仲介業者は何社？

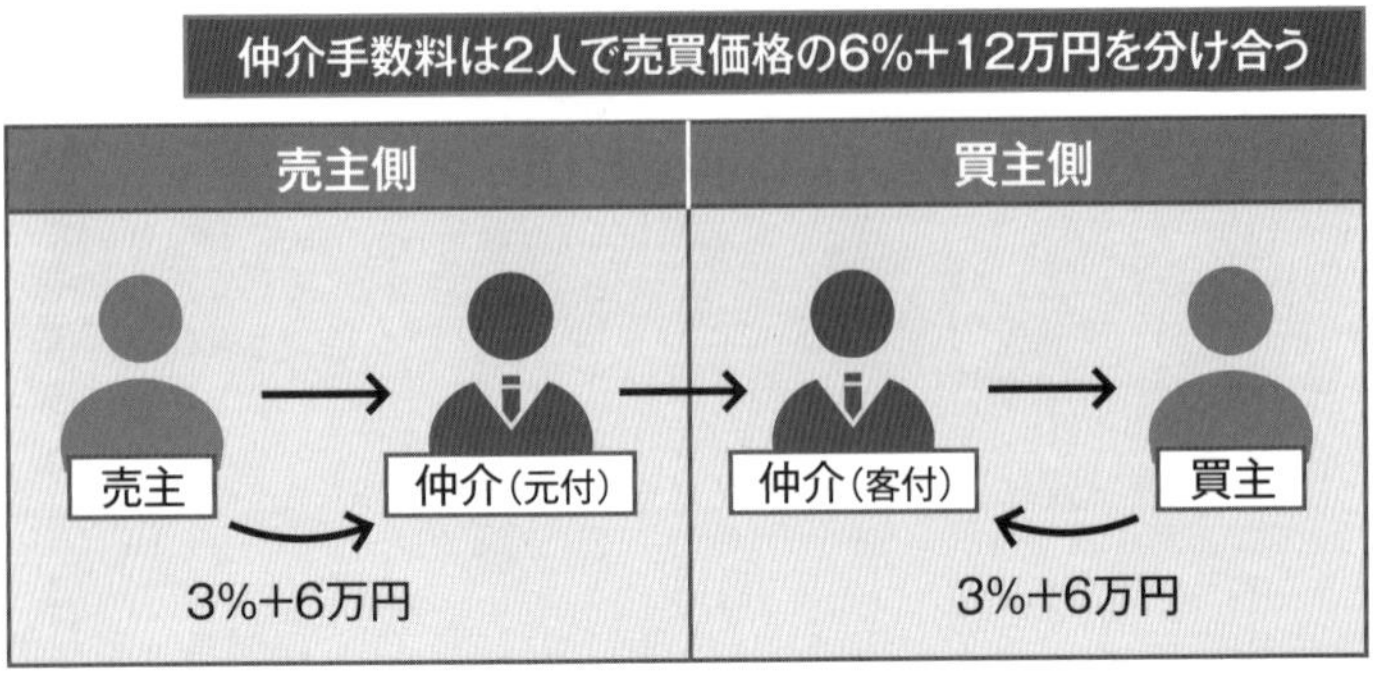

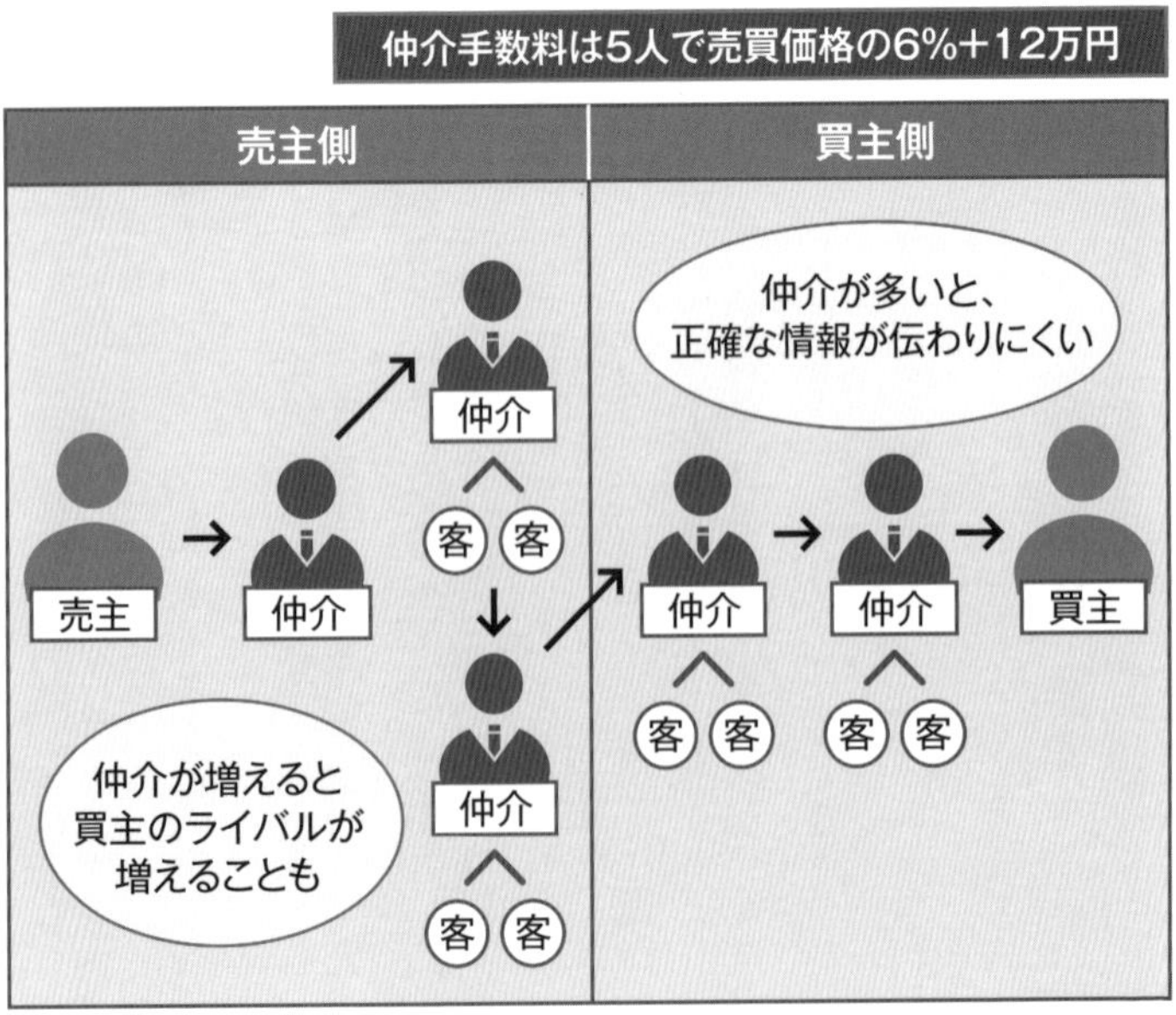

「売主側」と「買主側」で3%+6万円ずつ分け合う

間に何人いても、全体としての仲介手数料（売買価格の６％＋12万円）は変わりません。しかし、間に何人もの仲介業者が存在すると、まず売主・買主間の交渉が「伝言ゲーム」のようになってしまいます。売主や買主の意図や意思、物件の情報が正確に相手に伝わらないことが多くなるでしょうし、時間もかかってしまいます。

そして、間の仲介業者から情報が枝分かれし、同時並行で他の買主にも話が流れているリスクがあります。したがって価格が上昇したり、ほかの買主で決まってしまい買えなかったりするリスクが存在することになります。これでは安心・確実な取引にはなりにくいと思われます。

上の理想的な形態であれば、買主側から質問などをした場合も話の流れがスムーズです。しかし、売主から直接物件売却を任されている「元付」の仲介業者と直接つながっていない場合は、なかなか話が通りません。仲介会社には「貴社の先に何社の仲介会社がいるのか？」と質問し、状況を把握したうえでその物件の確度や戦略も考えたほうがよいでしょう。

■こんな仲介業者には要注意！

仲介業者には、よい業者と悪い業者、実力のある業者とそうでない業者があります。できることなら、実力があって安心できる業者を選びたいところです。

安心できない仲介業者を見分ける方法を述べましょう。残念ながら、すべての仲介業者が買主のためのビジネスを行っているわけではないのが現実です。

なかでも危険度が高い業者の特徴は、買主候補に対して「特定の金融機関の融資ばかりをすすめてくる」ことです。

仲介業者は、物件の売買を成立させるために金融機関を紹介します。それは当社も同様です。しかし、どんな金融機関をご紹介すればいいのかは、実はさまざまなファクターによって最適解が異なります。

買う物件の状況、買主候補の属性、融資決定までのスピード、そして金利や貸出期間などを勘案し、できるだけ買主候補であるお客様に適したところをご紹介するのが、「よい仲介業者」ということになります。

しかし、特定の金融機関だけを紹介するというのでは、第一に考えているのは仲介会社や売主側の最適解であり、とにかくさっさと売ってしまいたいという意図だけがあると勘ぐったほうがよさそうです。

不動産は「誰から買うか？」が重要なのはすでに述べましたが、仲介業者選びにおいても、その問いかけは大切です。買主にとってよいとはいえない物件を売りつけようとしている業者は、得てして売れればそれで終わりの業者です。どこの金融機関でも、どれほど高金利であっても、買主がその後返済に苦しんだりどうなろうとも関係ないわけです。

私たちは、第5章でご紹介する通り、あくまでお客様のケースに合わせた金融機関をご紹介します。私たち自身が自ら「よい仲介業者」であると強調するのがおかしいのであれば、私たちは、ＪＰＭＣ日本管理センターという社名の通り、買っていただいたあとの物件サブリース・管理を本業としている企業です。したがって、仲介させていただいた物件の賃貸経営がうまくいかなくなれば、当然、私たちＪＰＭＣ日本管理センターの業績にも影響します。だからこそ、仲介させていただく時点からお客様の最適解を探ろうとしているのです。そして私たちにとって、仲介手数料はメインのビジネスではありません。

■「木造アパート」を買うべきか？「RC造マンション」を買うべきか？

不動産に投資をし、賃貸物件を経営する以上、必ず行うのが物件の選別です。

数ある売り物件の中から、もしあなたなら、何を基準に絞り込み、選んでいくでしょうか？

要素としては、次のようなものが考えられます。

・立地（どこに物件があるのか？　地縁や土地勘がある？）
・価格（その物件はいくらなのか？）
・期待利回り（満室で運用できた場合、年間で取得価格の何％くらいになるのか？）
・築年数
・構造（RC・鉄骨・プレハブ・木造）
・戸数や一戸あたりの面積

など

さまざまな要因がからみ、なかなか結論が見えません。そこでまずは、私たちが考える

図表7　買ってもいい物件の選定基準

地方案件

高利回り（8%以上）

物件価格　数億～5,000万円

積算価格 ＞ 物件価格

築20年程度までのRC造

　買ってもよい物件の選定基準を図表7にまとめました。

　「地方案件」は、本書の大きなテーマです。第3章で詳しく見ていくことにします。

　このなかで最もわかりやすい条件は、利回りです。私たちは現在、8％以上であれば「買い」と判断します。ただし、望ましいのは11％くらいの物件です。

　次に、「築20年程度までのRC（鉄筋コンクリート）造」であることです。

　その他の条件の説明はあとで述べるとして、仮にこの2点だけで、物件売買の情報サイトを検索してみてください。

　該当する物件はどのくらいあったでしょう

図表8　2億円のRC物件でシミュレートした収支イメージ

	金額・利率等	備考
売買価格	2億円	含む諸費用
自己資金	2,000万円	
借入額	1億8,000万円	
金利	0.6%	変動30年
表面利回り	11%	
サブリース後利回り	8%	
サブリース後収入	約1,600万円	
年間返済額（ADS）	約655万円	
年間税前キャッシュフロー	約945万円	

か。おそらく、あっても数件のはずです。なぜなら、そのような物件はあっという間に売れてしまうからです。

その理由を説明するには、こうした優良物件を仮に経営した場合の収支をイメージしてみるとよいでしょう。図表8は、諸費用込み2億円のRC物件でシミュレートした数字です。

表面利回り11％、価格2億円の物件に対して9割の融資を0・6％（変動、30年）で受けた場合、第4章でご説明するスーパーサブリースなどによって空室リスクを確定させ、元利の返済を行っても、実に1000万円近いキャッシュフローが得られる計算になります。もしこの物件のオーナーの本業の年収が1000万円だとすれば、いきなり倍増することになります。そのうえ、第5章で詳しくご説明しますが、当初数年間だけキャッシュフローが下がることを容認できれば、9割の融資では不足する部分に関しても調達することができ、キャッシュアウトゼロでスタートすることも可能です。

買ってもよい物件の魅力が、よくご理解いただけるはずです。

ただ、現在は不動産投資のニーズが高いため、こうした条件の物件は文字通り「瞬殺」、「秒殺」されます。一般のマーケットに情報として出る間もないケースがほとんどです。

それにもかかわらず情報サイトに掲載されているとすれば、そこには何らかの「事情」があると推察する用心深さを兼ね備えておくべきでしょう。たまたまラッキーで早い者勝ちだった、というケースを否定はしませんが、たいていは、売れ残る相応の理由が存在します。入居率の著しい低さ、入居者や周辺の環境に関する問題、物件そのものの物理的・心理的瑕疵などが考えられます。東京周辺であればなおさらです。

一方で、たとえば木造、築数十年のアパートですと、満室時で期待利回りが数十パーセントという物件もあります。または、反対に築数年が浅く、利回りもごく小さい物件も存在します。情報サイトでは、こうしたもののほうがはるかに見つけやすいはずです。ではなぜ、本書の読者の皆様には不向きなのでしょうか？

85ページの選定基準に、「積算価格」という言葉が出てきます。これは、物件の地価（路線価×面積）と建物の価値（建物の面積×建物の価格を減価償却の残年数で割り引く）の合計（積算）を指します。これが物件価格を上回っていれば銀行融資を受けやすくなりますが、古い木造アパートの場合では、建物の価値はすでにゼロに近いため、買値も安く、見かけ上の利回りは非常によいのですが、融資を利用するのが難しいため、自己資金に対してのリターンはそれほどよくありません。

こうした物件は、担保評価にはプラスとならず銀行の融資を受けにくくなります。ごく短期間で借入には頼らず物件を増やしたい、あるいは相続の対策として使いたいという場合には適しているケースもありますが、本書でご紹介するような中長期に物件を増やしていこうという賃貸経営には不向きです。なお、当社の物件概要書には、物件価格に並べて積算価格を記載し、本物件に関して銀行融資がどの程度受けられそうかの目安としております。

■「区分所有」か「一棟所有」か？

次に、区分所有と一棟所有の違いを考えていきましょう。区分所有とは、マンションの1部屋（1区分）を所有することであり、一棟所有とは文字通りマンション全体を丸ごと所有することです。

仮に2億円の投資を行うとして、極端な例を考えてみましょう。

東京都内の超がつく高級タワーマンションの最上階にある2億円の部屋1区分を所有することと、20戸ある2億円のマンション一棟を所有するのでは、どちらも投資金額は同じです。

便宜上、期待利回りも同じだとします。あなたなら、どちらを所有しますか？

もし、最高級タワーマンションの一室であれば、入居者（店子）は一人しかいません。その人が出ていけば、次の店子が見つかるまでは空室になり、その間はキャッシュフローを生みません。

そのうえ、「超」がつく高級物件ですから、やすやすと入居者は見つかりません。そうこうしているうちに景気が後退しはじめ、家賃をかなり下げなければ誰も入居してくれないという事態になってしまいました。短期間に150万円だった家賃を100万円もしくは半額以下まで下げなければならない、といったケースはありえない話ではありません。

つまり、入居者がいなくなるリスクがあるばかりか、賃料収入が景気の影響を受けやすく、変動率も大きいということなのです。

他方、20戸あるマンションであれば、1〜2戸が空室になることはあっても、15戸、ましてや20戸すべてが同時に空室になるケースは考えづらいものがあります。あわせて家賃の変動も都心に比べれば大きくはありません。短期間のうちに7万5000円の家賃を5万円にまで下げなければならないケースはまれです。

リスクを変動の大きさと考えるのならば、リスクを回避し、運・不運に左右されにくい賃貸経営を目指すのであれば、なるべく戸数の多い一棟買いのほうが明らかにメリットがあるのです。分散という意味からも、最低6戸以上ある物件をおすすめしますし、当社はそうした物件をご紹介しております。

ただし、高利回りの木造アパートと同様、区分所有にもメリットがないわけではありません。相続税対策としては、同じ2億円で物件を買うのであれば、税制上評価額が低いタワーマンションの区分所有のほうが断然有利だといえるでしょう。

■買いたい物件ではなく「金融機関が融資してくれる物件」を買え!

いろいろとよい物件の条件を考えてきましたが、見方を変えれば、「金融機関が融資してくれる物件」を買えばよく、たとえ自分が「これはいい」と考えた物件があっても、金融機関の融資がつかなければあきらめればよいのです。

本書でご紹介したい不動産投資は、現在の低金利をフルに活かして金融機関の融資を求め、レバレッジ（ここでは、借入金の活用によってより大きな投資を行うこと）を利かせていくものですから、金融機関の融資判断なしにはスキームが組めません。これはつまり、素人でも基礎的な物件を見る目を養っておけばよく、あとは金融機関が融資先として判断する過程で本当によい物件なのかどうかをダブルチェックしてくれる、ということでもあるのです。

古い木造アパートの話を繰り返せば、その物件が木造だから、積算価格が……と考えてもいいのですが、まず金融機関の融資がつきにくい物件であるため、自然と除外できるわけです。

単純な利回り計算の段階では、金融機関の融資がつくかどうかは関係ありません。ただ、金融機関も担保物件を慎重に判断することは自己のリスク管理の重要な手段ですから、表向きの利回りだけでは見えてこないところをしっかり検討するのです。

■「表面利回り」にだまされるな!

では、不動産投資を考える際、投資家は利回りのどこを見て判断していけばいいのでしょうか?

ポイントは、表向き(グロス)の利回りではありません。実際に保有しているエクイティ(正味の資産、本物件に投下した自己資金・現金)に対して、その物件からどれだけの利回りが得られるか、ということなのです。

仮に、自己資金3000万円を持っている投資家がいたとします。

まず、老朽化が目立つ一方、利回りが30%の木造アパートを一棟自己資金だけで購入したケースを考えます。3000万円が木造アパートに変わった結果、毎年900万円のキャッシュが入ってくることになります。物件の老朽化が気になりますが、4年間無事に運

図表9　どちらがよりよい賃貸経営か？

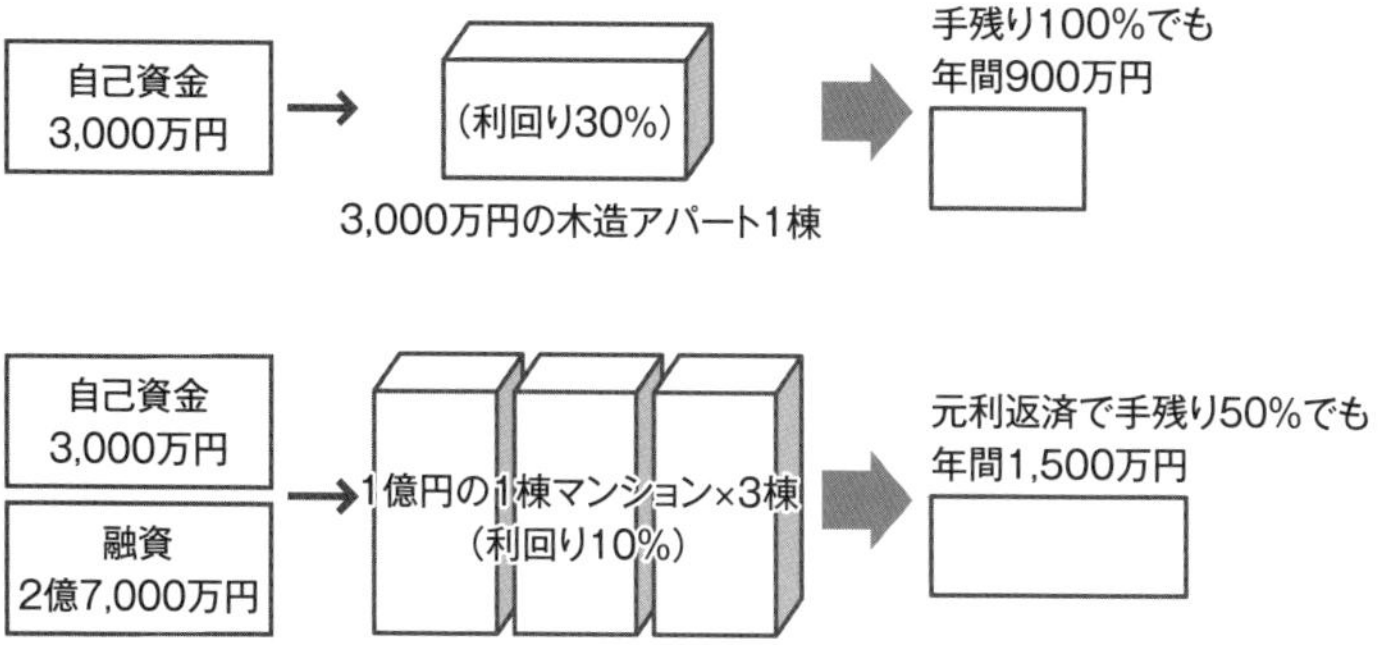

用すれば、自己資金3000万円を超える収入が得られる計算になります。

一方、RC造の金融機関の最大の掛け目9割の融資を得られる物件を購入するとします。自己資金3000万円に対して実に2億7000万円の融資が受けられ、最大3億円を投資できる計算になります。無論、購入する物件は金融機関が融資してくれる物件ばかりになりますし、場所や築年数の異なる複数の物件に投資することも可能になります。1億円の物件なら3棟同時に投資できるわけです。

表面利回りが10%なら、現在メガバンクの融資分の金利負担は1%にもなりませんから、まず手元に9%以上が残ります。さらに元金を返済していったとしても、5%以上は残るでしょう。つまり、3棟から1年で1500万円程度の手残りが発生する計算になります。

改めて比較しましょう。木造アパートなら自己資金3000万円だけを使って、1年で900万円。融資を引き入れてレバレッジを利かせ、RC一棟マンションを3棟運用すれば1年で1500万円。同じ額の自己資金を投じても、どちらが効率よいかは明白です。そして効率がよく、うまく回っているビジネスには、金融機関がさらに融資してくれる可能性が出てきます。そして、3棟を保有できることによって、さまざまな運用リスクを分散することができます。また、万一の場合も、RC造のほうが、そして物件が複数あるほうが売りやすくなります。

こうして、利益をさらなる物件獲得につなげ、ビジネスを大きくしていくことを考えた時、この差は大きな収益力の違いとして表れるのです。簡単にいえば、融資を受けずに自己資金をそのまま使ってしまえば、とりあえずそこでいったん終了になってしまうのです。

どちらがよりまともで、エクイティに対する利回りのよい賃貸経営なのかは、一目瞭然です。

■不動産物件の取得はとにかく「スピード」が命！

では、金融機関が融資をしてくれるよい物件を探して、さっそく投資を始めよう！　といきたいところですが、残念ながらそう簡単ではありません。なぜなら、よい物件はものすごく数が少ないためにほぼ常に売り手市場であり、プロもセミプロも、投資家も転売目的の業者も目を皿のようにして狙っているからです。

彼らは、あらゆるコネクションと情報収集力を活かして全国を飛び回り、物件情報が表に出てくる前から目星をつけ、ギリギリまで価格を上乗せしたうえで売主として売ることが目的です。それがいいか悪いかは私たちには論じられませんが、お金がかかっているだけに本気であることはたしかです。よい物件を、しかも安く得ようとすれば、彼らに伍していく必要があるわけです。

私たちＪＰＭＣ日本管理センターもプロの端くれとして20億から5億円くらいの一棟マンションを年に数棟購入しますが、私たちでも買えない、あるいは間に合わなかった物件はたくさんあります。売り手市場の中で、タッチの差で買えなかったケースも珍しくないのです。

正確に統計をとっているわけではありませんが、当社が実際に購入申込書を入れた物件でも、実際に購入できたのはせいぜい半分くらいではないかと思います。それも、相当に勇み足をしたうえで、なのです。歩留まりを考えれば、スピードを優先して見切り発車をすることもありますが、一方で個別の不動産物件にはさまざまな条件や問題があることも少なくなく、途中で下りざるをえないこともあるのです。実は、重要な事項が買付（購入申込書）を売主に提出して初めてわかることもあります。

先日はこんなことがありました。名古屋市内ですばらしい売却物件をご紹介いただきました。いつもならばすぐに買付を提出するところですが、その時はなぜかためらってしまい、当社の役員にまず現地を確認してもらうことにしました。ところが、その役員が新幹線に飛び乗って向かっている最中に、他社に売れてしまったというのです。つまり、東京駅で乗車した時は販売中だったのに、名古屋に着く前にすでにほかの買主に買われてしまったわけです。結局その役員は、そのまま東京に虚しくUターンしました。見切り発車で買付を出しておくべきだったのですが、完全にあとの祭りになってしまったのです。

名古屋でさえこうなのですから、東京周辺ですばらしい物件が出ようものなら、瞬間的に蒸発するように売れていきます。

■現金で買う人にはかなわない

不動産物件の取得は、とにかくスピード、スピード、そしてスピードが勝負といえます。

金融機関が融資してくれそうなよい物件は、たとえてみればすばらしい条件を兼ね備えた恋人候補です。早く交際を申し込まなければ、ライバルに先を越され、取り返しのつかないことになってしまうかもしれません。

その結果、検討を始めてから実際に購入に至るまでの期間も短くなります。すぐに買付を出し、審査の早い金融機関に融資を受けると1カ月前後。地銀では1カ月半~2カ月が必要な場合もあります。

ここで絶対に勝てないライバルになるのは、「現金客」すなわち、購入に際して融資を必要としない買主候補が現れた時です。ちょうど、先ほど述べた古い木造アパートをすべて自己資金で買うような投資家で、一棟買いマンションの代金をすべて即金で払えるような人が出てくれれば、融資審査が前提の私たちは、残念ながら対抗するすべがありません。

もっとも、現金で買う投資家の多くは、木造アパートの例のようにそのまま自己資金だけで投資するのではなく、まずは豊富な手持ち資金で確実に購入したあと、ゆっくり金融機関の融資を付ける作業ができる強みを持つ、ということです。

売主にとってどちらがよいお客様か、判断するまでもありません。現金に敵うものはなく、こうした場合は引き下がるよりほかにありません。

■不動産に株のような「押し目待ち」は禁物

同時に申し上げておきたいのは、同じ投資といっても、不動産と株式では大きく手法が異なるということです。

その最も顕著な例が、「押し目待ち」。これは、少なくとも現在の日本の不動産市場では当てはまらないと考えておいたほうがよさそうです。

読者の皆様には株式投資の経験が豊富な方も多いと思いますが、ご存知ではない方のためにご説明しますと、「押し目待ち」とは、現に上昇していて今後も上昇が期待できそうな銘柄を買いたいと思った際、いったん何らかの理由で一時的に下げる局面（押し目）を待っていることを指します。押し目で買いを入れることを「押し目買い」と言います。

一方で相場の世界には、「押し目待ちに押し目なし」という格言も古くから伝わっています。押し目を待っていたらどんどん上昇してしまった、結局は買いたいと思った時が買い時である、という教訓です。

不動産価格はアベノミクスで上昇し、東京都心部を除いては若干横ばいから下落に入っているのはすでに申し上げた通りです。では、株と同様、せっかくだからもっと下がるのを待ったほうがいい、と考えるのは、現時点で合理的でしょうか？

とてもではありませんが、現在の不動産投資に「押し目待ち」が効果的とは考えられません。

まず、この章でも繰り返し述べているように、全体としての不動産市場はどうであれ、優良物件はいまだに「瞬殺」「蒸発」状態です。少しでも待ってみようなどという気があるのなら、いつまでたっても買えません。

もうひとつは、株式投資と不動産賃貸経営の根本的な違いです。

株式投資は、当初の目的がキャピタルゲイン狙いであろうとインカムゲイン狙いであろうと、公開株であれば流動性が極めて高いためいつでも現金化することができます。しかし、少なくとも本書をお読みの方が考えている不動産投資は、ほぼ100％インカムゲイン狙いであり、せっかく購入できた優良物件を転売するようなことは、よほどの値上がりがない限りないでしょう。

さらに付け加えれば、株式市場は金融機関の融資を得なければレバレッジがかけられないわけではありません。証拠金で先物取引を活用できますし、証券会社から融資してもらうことで信用取引も可能です。そこには、投資家自身の年齢や市場の動向、タイミングはあまり関係ありません。

一方、皆様が目指す賃貸経営のための不動産投資は、いま、この瞬間のあなただからこそ金融機関が融資してくれるのです。

仮に3年間、不動産価格が下落するのを待っていたら、どうなるでしょうか？　投資家であるあなた自身が確実に年齢を重ね、現役引退に3年近づき、その分、融資期間、返済期間とキャッシュフローが厳しくなります。考えたくはありませんが、その時すでに会社での地位が危うくなっていたり、会社の経営が傾いていたり、はたまたご自身が健康を害しているかもしれないのです。

同じく、10年、20年の単位で考えるべき賃貸経営の始まりが3年遅くなれば、計画全体への影響は否めません。

同時に、可能性は低いものの、マクロな経済環境全体が変化してしまい、金利が上昇して現在のような低金利での融資を引き出せなくなったり、金融引き締めで個人の不動産担保融資への姿勢が厳しくなったりしていることも考えなければなりません。リーマン・ショック直後のようなことがあれば、不動産の価格は下がりますが、それ以上に銀行融資が厳しくなり「初めて不動産投資します」という方が有利な融資を受けるのは非常に難しい状況となるでしょう。

押し目を待っていたら、自らの信用力が落ち、世間の状況も変わってしまい、不動産投資の大前提であった金融機関の融資が受けられなくなってしまった、という好ましくない可能性を、必ず想定しておいてほしいのです。

半面、現時点である程度の投資ができる自己資金をお持ちで、レバレッジをかけることにそれほど関心がないのであれば、あるいは押し目待ちも有効かもしれません。

株は短い期間でもエントリー可能で、しかも大半は自己資金です。しかし不動産投資、そして賃貸経営は、多くのビジネスパーソンの場合、金融機関の融資が前提です。40代というのは、始める時期としては決して早い年代ではないのです。

■気に入ったら、すぐ購入申込みを出す

話を戻しましょう。スペック上も問題のない、優良物件を運よく見つけることができたら、まずは迷わず仲介会社を通じて売主に購入申込み（買付証明書）を提出してください。それと同時に、当該物件に関して金融機関からの融資停止条件付、が良いでしょう。それと同時に、当該物件に関して金融機関にも融資が可能かどうかの打診を行います。

金融機関が融資するかどうかを判断する際は、借り手である投資家自身の審査もさることながら、その物件にまつわる問題を、独自のルートで調べます。なぜなら、いざという時の大切な担保だからです。一般の投資家が調べてもなかなかわからないことも、ある意味、金融機関が代わって調べてくれるのです。同じ船に乗るパートナーとしてダブルチェックをかけよう、という意味合いにも受け取れます。

同時に、自分という借り手がこの物件で賃貸経営というビジネスを運営していくことに対して、どの金融機関がどの程度の評価をしてくれるのかが明確になります。仮にその物件の買付は不成立でも、どの程度の金額の物件が購入できそうなのかが見えてきます。自分のポテンシャルがわかり、経験値として積み重なることにより、次の案件での成功確率

が高まります。また、複数の金融機関に融資相談をすれば、自分との相性も次第に見えてきます。

ただし、融資相談はするものの「やっぱり購入は止めた」ということを繰り返すと、金融機関や仲介会社の印象は確実に悪くなります。金融機関に打診するということは、実際に購入して経営する意思のあることが大前提ですから、「金融機関の融資が通れば購入する」と覚悟を決めて行わなければなりません。

買主候補であるあなたも、仲介会社を通じてさまざまな情報を集め、それを金融機関と共有する姿勢を見せたほうがいいでしょう。物件の収入や支出の実績、修繕履歴や入居者の現況・属性などが主な項目ですが、これらを買付とともに提出し、「本気で買わせてください」という意志表示を売主や仲介会社に示さないと、なかなか本当のところが見えてきません。

また、買付を出すことによって、ほかの買主候補、つまりライバルの状況を教えてもらえることがあります。現状、自分が買付を出したのは何番目で、売主や仲介会社にとって何番手くらいに位置しているのかも、本気を見せてこそ、初めて仲介会社が教えてくれることもある事柄です。

このように、買付提出を急ぐ最大の理由は、ライバルであるほかの買主候補が多いからなのですが、実はもうひとつ、不動産市場独特の交渉スタイルが背景にあります。

■売主が必ず売ってくれるとは限らない

売主に対して「本気」を見せる、というのは、何だか営業や恋愛における駆け引きのようですが、株や為替とは違い、同じ不動産はほかに存在せず一点ものであることと、相対で行う取引であること、さらには最終的な価格が実際に交渉するまでなかなか決まらないといった特殊な事情があります。

お金さえあれば、りんごでも株でも自動車でも、大概のものは買えます。一般的な商取引では、売ってくれる値段が事前に提示されているのですから、ルールや商習慣に則って、その額を支払えばいいだけです。

不動産も、価格は一応表示されています。ただ、難しいのはその価格で必ずしも売ることが確定しているわけではなく、売り手はできればもっと高く、一方買い手はもっと安くしたいのです。

まず、買い手が有利な局面を考えてみましょう。売主が周囲の相場や物件の価値を考え、仲介会社とも相談のうえで、仮に1億円で一棟マンションを売りに出しました。しかし、待てど暮らせど、買主候補は現れません。

そこで再び相談のうえ、9500万円に下げてみました。するとようやく、東京から投資家がやってきて、仲介業者を通して交渉を始めることができました。安心したのもつかの間、今度はあれこれ情報を提供しても、購入申込みに至りません。状況を探ってみると、もう少し価格を下げられないかと期待しているようです。仮に9000万円であれば、金融機関に融資申込みをしてみるというのです。

売主の当初の目論見からは1000万円も下がってしまい、しかもこのオファーがどうなるかは金融機関の融資次第。それでもほかに買主候補が現れない以上は仕方がない。加えて、このチャンスを逃さず早く現金化しておいたほうがよいようにも思えてきました。

そこで売主は9000万円に再度値下げし、無事、金融機関の融資もついて、売買が成立しました。

反対のケースもあります。仮に1億円で打診したところ、我も我もと買主候補が仲介業者のところに現れ、少し説明しただけで続々購入申込みが増えていきます。

これなら、多少値上げしてもいけるかもしれない。売主は、仲介会社を通じて最も自己資金が豊富そうな買主候補に、1億1000万円なら即決すると伝えました。同時に、それでもダメなら金融機関の融資待ちの買主候補に1億1500万円で売ることも匂わせます。すると件の買主候補は、現金即決で物件を購入していきました。

このように、一点ものである不動産は、当初の価格は「売主の希望価格」であり、売りに出してみてからのさまざまな駆け引きや交渉によって、最終的な取引価格が形成されていくものです。売主と買主候補、どちらが有利になるかは状況次第かつ物件次第です。

特に、買主候補がたくさんいる状況では、売主は価格以外の要因でも意思を変えてしまいます。

その土地が父祖伝来の思い入れのある土地であれば、多少経済合理性を度外視しても、「いい人」に売りたいと思うことがあります。ましてその土地に縁ができる人になるわけですから、生理的に受け付けないような買主には売りたくないという心理が働くこともあります。そこで「裏ワザ」として、買付の際に「もしこの物件を自分に譲っていただけるのなら、必ず大切にします！」と、手紙などでアピールする投資家もいます。こうした機微は、買付を出してみて、実際に売主とやり取りをして初めてわかることです。要するに、お金を出せば必ず売ってくれるわけでもないのです。

■金融機関に「飛び込み営業」をしてはいけない

金融機関に関する特徴や情報は第5章にまとめますが、ここでひとつだけ、意外感のあるお話を述べておきましょう。

不動産賃貸も立派なビジネスであり、新たに始めるのであれば起業にほかなりません。そこで勢いあまって、自ら金融機関に「飛び込み営業」される方が、少なくないのです。不動産投資の入門書などに、むしろこうしたことを推奨するかのような記述をいくつか見たことがあります。1分でいいから話を聞いてくれと営業し、50軒断られ、100軒目にして初めてノウハウがわかった、などというのですから、なかなか血気盛んです。

しかし、こんなやり方は残念ながら逆効果です。自らのビジネスの可能性を狭めてしまうだけで、百害あって一利なしです。

金融機関というところは、どんなところで、どんなキャラクターの人が働いているのでしょうか？　昔のクラスメイトで銀行や信用金庫にお勤めの方など、ちょっとお知り合いの顔を思い出してみてほしいのです。きっと「真面目で信用を重んじる優等生」ではなかったでしょうか。

金融機関は、現状、個人向けの不動産担保融資に期待はしているものの、別にそれだけを手がけているわけではありませんし、各支店の担当者は不動産のプロではないことが大半です。そこにいきなり「自分の不動産賃貸ビジネスに融資してくれ」と見ず知らずの人がアポイントもなく飛び込んできたら、どのような印象を持たれるでしょうか？　相手にしてくれればいいほうで、せいぜい穏便に追い返されるのが関の山です。金融機関の評価は「減点主義」が多いことを考えても、「危うきには近づかず」と心の中で思っている金融機関の担当者は少なくないでしょう。

つまり、金融機関と話をする際は、職員にいかに信用してもらうかがポイントになります。そのためには、「飛び込み」が逆効果であることはご想像いただけるかと思います。金融機関や担当者に信用・信頼される第一歩は「紹介者がいること」です。それも、その紹介者の信用・信頼が高ければ高いほどよいでしょう。

手前味噌ではありますが、当ＪＰＭＣ日本管理センターは東証一部に上場しており、かつ全国90行を超える金融機関と提携もさせていただいています。

私たちJPMC日本管理センターでは、具体的にどのようなかたちでお客様を金融機関に紹介すべきか経験を蓄積していますし、金融機関側もそれを理解してくださっているという自負があります。金融機関の担当者が行内での説明や稟議を通しやすくなるよう、全面的にバックアップいたします。

個別かつ具体的な話は第5章に譲りますが、どうかくれぐれも、金融機関には飛び込まないようにしてください。この場合の気合いややる気など、まったくの逆効果でしょう。

■税制上は「最初から法人化」が有利

いまこの本を手にとっていらっしゃる方の大半は、あくまで個人として不動産投資をお考えだと思います。

もちろん、個人のままで進めていくことも可能ですが、1億、2億と物件を購入し、かつ今後も増やしていきながら、最終的にはご家族に譲っていくことをお考えなのであれば、迷わず最初から資産管理のための法人(資産管理法人)の設立をおすすめします。

まず税制について考えましょう。法人と個人では所得に対する税制が異なるのはご承知の通りです。経営者や士業の方はよく理解されていると思いますが、ビジネスパーソンの場合、アッパーミドル層でも一般的には年末調整ですみますから、あまりおなじみではないかもしれません。

もし、個人として不動産を取得し、実際に収入が不動産所得を含めて上がり始めると、給与所得と不動産所得は合算され、累進課税制度によって個人の所得にかかる所得税の税率は上がり、納税額も大幅に増えます。ケースによっては、給与所得と不動産所得を合わせた半分くらいは納税することになるかもしれません。

半面、個人ではこれまでの給与所得だけを受け取るかたちにして、たとえば奥様や成人されたご子息・ご息女などを代表とした資産管理法人を設立して当該法人にて不動産投資を行えば、ご主人は税制上はサラリーマンのままで、不動産からの収入が個人の所得に合算されることはありません。奥様などへの役員報酬と、今後の再投資のために法人に利益を残しておくことを税理士とともに勘案すれば、大幅な節税が可能になります。個人は増税傾向、法人は減税傾向という長期的な税制政策を見ても、法人が個人に対して税制上有利である状況は、おそらく今後もしばらく続くものと思われます。

そして、万が一の際の相続でも、所有する非上場株式に対して相続税がかかりますが、不動産の所有者は法人ですから不動産に対しては直接相続税がかかりません。不動産の相続とは異なり相続登記の必要もありません。また、オーナー（被相続人）が生存中に相続人である奥様やご子息・ご息女へ役員報酬や給与などのかたちで資産を移転することにより、早期から相続対策を行えるメリットもあります。

さらに、少々難しい話になってしまいますが、繰越欠損金の扱いも法人と個人では異なります。法人の場合は平成27年度税制改正により、平成29年4月1日以後に開始する事業年度において生ずる欠損金額の繰越期間は10年とされました。一方、個人の場合は原則翌年に繰り越すことはできず、マイホームなどの場合でも青色申告をして最長3年間です。物件取得時は物件取得費や建物等の減価償却、金利（元利均等返済では金利部分のみが損金となるので物件購入当初が最も大きくなります）などでキャッシュフロー上は黒字となっても税務上は相当な額の赤字となります。これを長期的に活かさない手はありません。

一般的には、不動産賃貸所得として年３０００万円程度以上が見込めるなら、法人が有利とされています。仮に利回り10％だとすると、３億円程度の物件を所有している計算になるでしょう。

ただ、「自分は1億円程度の物件でスタートするし、いずれ資産規模が増えたら個人から法人に物件を移すので、とりあえず個人で始めればよいのでは？」とするのは早計だと思います。特に、賃料収入を再投資して所有物件を増やしていく考えをお持ちならば、最初から法人でスタートするべきでしょう。

というのも、法人はあくまで個人とは別人格であり、仮に個人で所有していた物件を法人に移せば、法律上は売買により法人が新たに取得したことになります。すると不動産取得税、登録免許税など、法人にとっての取得コストがかかります。おおよそですが物件価格の5％程度、つまり2億円の物件であれば、1000万円近くも本来は不要な取引コストが生じてしまうのです。まして、短期間（5年以下）で不動産を個人が「譲渡」して譲渡益が発生した場合、短期譲渡課税として高い税率が適用されることにも留意しておく必要があります。

資産管理法人の設立、法人による不動産投資に関しては、一般的な仲介会社はそもそも知らないか、もしくは意図的に触れないケースが多いようです。なぜならば、仲介会社からすれば手間ばかりかかって、何もメリットがないからです。また、一部の金融機関では個人には融資しても資産管理法人には融資しないところもある点に注意が必要です。

■「いい人」ほど有利な不動産投資ができる

この章の最後に、少しだけ生意気なことを述べておきたいと思います。

「いい人」ほど、長くお付き合いしたい人ほど、不動産投資を有利にすすめることができます。なぜなら、周囲が助けてくれるからです。

この章で、不動産投資は一点ものであり、必ずしも売ってくれるわけではないことをご説明しました。しかも、その背景には価格だけでなく、人柄も見られているというのが、この世界の特異な点です。

売主だけではありません。私たちのような仲介会社や管理会社、融資を行っている企業も、現状ではおかげさまで買主候補からの引き合いが非常に多く、ありていに申し上げれば圧倒的な「売り手市場」なのです。

不動産投資を検討される方は、申し分なく豊かな方たちです。ただ、残念なことに、なかには高圧的な方、あまりお付き合いしたくないと、つい思ってしまうような方、ご自身だけがＶＩＰと思い込んでいらっしゃる方も少なくないのです。

ビジネスパーソンなら、この点はよくご理解いただけるはずです。ビジネスとしてのお付き合いのなかで、どれだけ人間的な礼節やリスペクトが重要視されているか。あの人のためなら一肌脱ごう、自分は多少損をしても助けてあげようと思ってしまう「いい人」が、これまでに何人もいらっしゃったはずなのです。

不動産投資を始められるに当たっては、ぜひ皆様に「いい人」、「長くお付き合いをしたい人」でいていただきたいのです。

仮に、その買付が不調に終わっても、丁寧な物腰が印象的だった「いい人」とは仲良くさせていただきたいです。そんな人には、ぜひいい物件をお持ちいただきたいと思うのが、この仕事に関わっている我々の人情です。つい本音でアドバイスを申し上げたり、とっておきの情報を開陳したくなってしまうのです。

つまり、こうした買主になれれば、回りまわって買主として得をするのです。より利回りの高い物件に早くエントリーできたり、売主や金融機関に誠意を持って取り次いでもらえたり、とっておきの情報や本音を教えてもらえたりするようになります。

本当に残念なのですが、現役のビジネスパーソンのなかにも、露骨なＶＩＰ扱いを要求する方がいらっしゃいます。せっかく現在の日本で不動産投資というすばらしい世界に着目していただいたのに、結局はご自身が損をされるのです。

少し嫌な言い方をすれば、数十億、数百億円規模の資産をお持ちでも、物腰の丁寧な資産家は大勢いらっしゃいます。上には上が、ＶＩＰやスーパーＶＩＰがいるのです。そこに融資を受けて1億円の物件を買おうとしている新規参入者が威圧的な態度を取ったら、果たして有利な取引ができるでしょうか？

株式や為替と違い、不動産投資はいまだに人と人とが顔を突き合わせ、さまざまな方々の思いや感情が入り乱れる世界なのです。どうか、できるだけ多くの関係者からひいきされる買主となって、すばらしい投資成果を挙げていただきたいと願っています。

第2章まとめ

第2章で見てきた重要なポイントをまとめます。

巷間流布されている不動産投資の常識には、首をひねらざるをえないものも多いのです。不動産投資ビジネスの最前線にいる私たちが蓄積してきた「不動産投資の常識」について、次の重要なポイントをおさらいしましょう。

第2章のポイント

・不動産は「誰から買うか？」がキモだ
・「金融機関が融資してくれる物件」を買う
・とにかく買付はスピードで勝負
・最初から法人化することを考える
・「いい人」は、不動産投資でも得をする

第3章

地方物件から「宝の山」を見つけ出すテクニック

Scene3

ライバルは少ないほうがいい

宮田誠（大手損害保険会社の部長代理）
岡部直樹（都内有名私立病院の消化器外科副科長）
横山大輔（ＩＴ企業の経営者）
岡部由加（直樹の妻）

ホクホクで脂の乗ったホッケの塩焼きが来た。学生時代から、この店で飲み食いする時には必ず頼むメニューである。

思い思いにつつき始めた三人だったが、宮田がガバッと身を取ったことに、岡部がブツブツ文句を言い始めた。

「何だよ岡部、名医のうえに大家さんなんだから、ケチ臭いこと言うな」

「お前こそ！　いまやホッケは昔と違って高級魚なんだぞ」

たしかに、25年前のホッケは安くて身が大きく、学生の味方だった。横山がメニュー表を見てうなっている。

「本当だ、いま700円もするんだな。昔は400円くらいで、もっと身も大きかったような記憶があるけどな」

「ホッケも最近は不漁らしいぞ。25年もたてば、いろいろ世の中も変わるってことなんだろうな」

岡部の話を受けて、宮田が話題を戻す。

「でもさあ、岡部の不動産投資って、本当に地方で経営して大丈夫なのか？　いくら東京の物件が高いからって、昔と違って日本全体の人口が減ってるし、地方に行くたび、どこも駅前なんてひどい衰退ぶりだぞ。日曜でも誰も駅前なんて歩いていない」

横山もうなずく。

「宮田の言う通りだよ。盆と正月くらいしか帰らないけれど、オレが子どものころとはすっかり変わってしまって、どんどん街がしぼんでいく感覚があるな」

大学入学で上京して以来、横山はずっと東京で忙しく暮らしている。

「まあ、お前みたいな有能な人間が東京に出てきちゃったから衰退したっていうことでもあるんじゃないか？　故郷に錦を飾るって言っても、結局田舎に戻って何をすればいいのかよくわからないしな」
「何だよ岡部、褒め言葉だと受け取っておくけど、そう言われるとちょっと悲しいものがあるな。で、由加ちゃんは不動産投資のおかげでまたふるさとと縁ができたってことだろう？　それはそれでよかったじゃないか」
「そうだな。ときどき『出張』とかなんとか言って、前よりも帰省するようになったよ。向こうの両親も喜んでいるし、本人もある程度歳をとったせいか、やっぱり懐かしいみたいだな」

岡部は相変わらず楽しそうに話しているが、宮田はまだ心配が抜け切らない。

「それで、物件のある○○県の様子はどうなんだ？　ちゃんと入居者に困らないくらいの景気なのか？」

「細かくはよくわからないけれど、県庁所在地だし、賑わっているとは思うよ。ただカミさんに言わせると、昔とは人の動きがぜんぜん違うみたいだな。電車やバスに乗る人なんてほとんどいなくて、みんなサンダル代わりの軽自動車を一人１台くらいの感覚で持っていて、買い物に行ったり、遊びに行ったりするんだってさ」

岡部は東京生まれだから、コンビニに行くにもクルマで出かけるような地方の光景は物珍しいのだろう。

一方、宮田は、都心から電車で１時間弱かかる近郊の新興住宅街の育ちである。結婚するまで一人暮らしをしたことはなく、学生時代は帰るのが面倒で、横山のアパートによく入り浸っていた。現在の住まいは、同じ路線のもう少し都心寄りである。

「うちの実家の周辺なんて、どちらかというと、いま聞いた由加ちゃんの実家の地域に近い感じになってきたぞ。バスの本数なんてめっきり減っちゃったし、歩いている人をあまり見なくなって、オレがガキのころとは雰囲気が違うよ。ああいうのを見るたび、東京以外で不動産なんか経営しちゃって本当に大丈夫なのか、心配になるんだけどな」

岡部は相変わらず動じない。

「でも、実際問題、東京で物件なんて買えないんだよ。人気がありすぎて高いし、そもそもエントリーすらできないんだって。地方のほうが、オレくらいのサイズの賃貸経営だったらメリットがたくさんあるんだよ」

横山は、少し視点を変えて話を振ってきた。

「買いやすいっていうのはたしかにメリットなんだろうけど、買って大家さんになっても、入居者が少なかったら投資としては問題だろう？　その辺は大丈夫なのか？」

「ああ、それなら空室率っていうのがあるんだけど、都道府県別で見ると案外変わらないものなんだよ」
「えっ？　ウソだろう？」

宮田も納得がいかない表情だ。

「東京も地方も差がないってことなのか？　ちょっと信じられないな」
「オレも最初は驚いたけど、結局、地方には地方に必要な、東京や大阪にはそれぞれに必要な物件が供給され、また淘汰されてるってことなんだよな。だから、実際そんなに差はないんだよ」

横山は、ちょっと気がついたようだ。

「なるほどな。ということは、もし条件がさほど変わらないのであれば、地方で賃貸経営するっていうのもあり得るのかもしれない」

「そうだろう？　宮田はまだ納得いかないみたいだけどな」

「まあな」

「じゃあ、こういう切り口はどうだ？　東京のような都市部は物件が高く、参入が難しいだけじゃなくて、プロの不動産経営者が多いし、賃料も高い分、景気によって左右されやすいんだ。どんどん新しい物件も建つしな」

「まあ、たしかにそうなんだろうな」

「だったら、物件価格が手ごろで参入が比較的簡単。しかもプロの不動産経営者がほとんどいなくて、賃料も最初から安い分変動率も大きくない。さらに、新しい物件の供給もさほど多くない地方のほうが、安定して経営していけそうな気がしないか？　お前だって、いままでいろいろ会社員として経験を積んできたし、知識や見聞だって広い。だったら都市部でプロやセミプロを相手にするより、地方の、こんな言い方は失礼かもしれないけれど、ほとんど何も考えずに惰性で賃貸経営している昔ながらの大家さんをライバルにするほうが、断然競争としては有利だろう？」

宮田も、これにはピンとくるところがあった。

「うーん、そう言われると、たしかに勝てそうな気がするなあ」

横山の頭はさらに冴えてきた。

「だんだんわかってきたぞ、岡部！　要するに、銀行が融資してもいいと判断した物件で、同じような入居率であれば、地方のほうが東京とかより収益性は高い。だったら競争優位性の高いところで経営したほうが有利、ということなんだろう？」

岡部は、やっと話が通じたのがうれしそうだった。

「そういうことだ。しかも物件の単価が低い分参入しやすいし、同じ額を投資するのであれば物件の数を増やせるから、リスクも分散できるってことだ」

そして、意外な言葉を口にした。

「オレも今回賃貸経営を始めてみて感じたことなんだけど、別に収益性に問題がなければ全国どこで経営したっていいわけだけど、カミさんの表情を見ているとさ、自分の資産を増やしながら、自分と縁のある土地で経営していくのって、案外楽しそうなんだよ」

横山が食いついてきた。

「そうか、なるほど。どこで始めてもいいなら、ふるさととか、なじみのある土地のほうが有利だし、そのうえその地方の経済に参加できるんだから、悪くない話だよな!」

「そうなんだ。何なら、管理会社の登記を地元に移してしまえば、納めなければいけない法人事業税をふるさと納税的に考えることもできるぞ」

「そうだな、オレも実は地元にふるさと納税をしているんだけど、あれは収入による上限があるからな。それはいいかもな」

100パーセント現代風の経営者である横山にも、ふるさとの行く末を案ずる心があったのかと思うと、宮田はちょっとうれしくなった。

「そうだな。たしかにそういうかたちでふるさととまた関係ができるっていうのは、ちょっと新しい話だよな」

すると岡部は、意外なことを言い出した。

「いや、宮田だって他人事じゃないって。お前の実家のある東京の郊外だって、十分『地方』という観点で投資することだってできるんだぞ」

宮田は、思わず岡部の顔を見つめてしまった。

「だって、もう活気なんてないんだぞ。正直、入居者なんていないんじゃないか？」

「なあ宮田、もし興味があるなら、調べてみたらどうだ？　入居率の心配を軽減する仕組みだってあるんだぞ」（つづく）

■なぜ都市部の物件は高くなってしまうのか?

都市部の物件が高く(投資物件としては利回りが低く)、地方の物件がお買い得(利回りが高い)というのは、もはや一般論といっていいくらい私たち不動産のプロの間では常識になっていますが、その理由としては、都市部には、利回りや収益性とは別の動機で不動産を買う人が多いことが考えられます。

都市部の不動産価格上昇を先取りし、転売益を上げるために物件を買いたいという、キャピタルゲイン狙いのプロ投資家が少なくないのです。もちろん、それを私たちは投資行動として否定するものではありません。また、収益性をある程度無視した、「あの土地の不動産が欲しい」という「ブランド買い」をする買主も少なくはありません。

ただ、賃貸経営によってインカムゲインを狙いにいく不動産投資家にとっては、キャピタルゲイン狙いの投資家や収益性を重視しない買主が参入してくると、その結果、物件価格の上昇→期待利回りの低下という影響を受けることになります。

第2章でも述べましたが、今後をあえて予想するなら、たとえ都市部であってもそろそろ不動産価格がピークを打って、高値安定もしくは値下がりのトレンドに入ることが予想されます。実を言いますと、当社も全国に一棟マンションを複数棟所有しておりますが、値上がり前に購入している案件に関しては、売却して利益確定をさせているものもあります。それは、案件次第ではいま売ったほうが得だからと考えているからです。

では、本書の読者の皆様は、あと何年待って都市部で賃貸投資を考えるべきでしょうか？そう、「押し目待ち」は禁物ですから、それはあまりおすすめできないのです。目に見える値下がりトレンドがいつやってくるかはわかりませんし、数年後に自分自身の投資家としての評価も変わってしまうかもしれません。また、価格下落時には金融機関の融資も難しくなります。たとえ融資が出たとしても掛け目が下がって売買金額の半分程度しかなければ、足りないあとの半分はご自分で現金を用意しなければならなくなるのですから、物件購入の難易度はぐっと上がります。マーケットの価格が下がる、物件価格が下がるということは、「買いたい人が少ない」からだけではなく、「買える人が少ない」からでもあります。

ならば、市況が好調で金融機関も不動産融資に前向きな時にまず不動産投資を始めておき、そのなかで十分な利益を蓄積しながら、再投資として今後、都心部の物件についてもウォッチを続けていく、というくらいのスタンスで十分なのではないでしょうか？

■売れ筋は、あえて狙わない

株と違い、不動産投資ではむしろ、人気のある物件（銘柄）には手を出さないほうが賢明ではないかとも考えます。

「瞬殺」されるような、「蒸発」してしまうような人気物件は、ほかにも狙っているライバルが多いわけですから、結果的には期待利回り以上に値上がりすることも少なくありません。そこに豊富な現金を抱えたプロの投資家や、相続対策のために利回りは二の次で物件を購入する方が出てくれば、もはや対抗する手立てがありません。

ならば、競合が少なく、できればほかにライバルがいない物件で、金融機関が融資してくれるものを探したほうが、断然賢明な投資になるはずです。もしかしたら値引き交渉をすることも可能かもしれません。

そんな都合のいい話があるのか、とお思いになるのも無理はありませんし、街が衰退し、人も減りつつあるという地方の物件を狙って本当に大丈夫かという心配も尽きないでしょう。ただ視点を変えれば、投資家の大半がそう考えているからこそ、地方物件にはライバルが少ない、ということでもあるわけです。世間一般がネガティブなイメージを持っていて手が出せないなかで、自分だけがその価値をしっかりと評価できるという状況が、最も有利な収益性を生み出すヒントになるわけです。

モノの見方を変えてみるのもおすすめです。「地方物件が狙い目です」という考え方ではなく、「買主候補の数が少ないにもかかわらず、金融機関が評価してくれる物件が、地方にもある」という観点で考えてみるとよいのではないでしょうか？

■まだまだある、地方物件のメリット

地方物件を狙うメリットは、ライバルが少ないこと、安く買える可能性（利回りの高い物件を買える可能性）があることだけではありません。

とても重要なのは、賃料の変化率（ボラティリティ）が、一般的には地方物件のほうが相対的に都心部に比べて小さいことです。

都心部の物件のボラティリティが高くなる理由は、最高級タワーマンションの1区分と一棟マンションの比較をしたケースと同様です。都心部の物件は相対的に家賃相場が高いだけでなく、高級な物件ほど賃料のボラティリティが高くなってしまうのは、仕方のない

ことなのです。

極端な例を挙げましょう。都心部には、特に金融機関など外資系企業の幹部クラスが家族とともに暮らすのに適した、賃料月数百万円という高級・高額物件が存在します。主に社宅として使われています。

こうした物件は、入居できる人も限られています。しかし、ある時、大きな国際企業がアジアの拠点を東京から香港や上海に移転したとします。それだけで、数部屋がまとまって空室になります。

東京マーケットの縮小やアジアでの存在感の低下により、このような高級・高額物件のニーズが急減します。外国人向けの賃料数百万円の物件の借り手は極端に少なくなり、賃料が半分になっても3分の1になっても借り手が少なくなる、ということはいままでの景気後退局面で何度も経験してきました。ニーズが減り、賃料を大胆に下げない限りずっと空室が続くことになるのです。

そして、最高級の物件の価格が下がってくれば、その下の、月額50万円クラスの物件にも当然影響を及ぼします。そしてその下、さらにその下……と、影響は連鎖しますが、物件数と需要の多さによってボラティリティは下がってきます。

反対に、地方ではこうした極端な動きは起きにくくなります。18歳、あるいは22歳前後で地元を離れる人は一定数いますが、彼らはそもそも親とともに自宅居住で賃貸住宅の借り手ではない可能性が高く、短期的な影響はほとんどありません。

一方でその地域に定住すると決めた方々は、よほどのことがないかぎり移住することはありません。しかも賃料は、同じような条件の物件で見ると、東京とは比較にならないほど低水準です。よほど大規模な人口変動が起きない限り、急に賃料が3分の2になることは考えにくいと言えるでしょう。

さらに、その地域の家賃相場にはある種の「下限」のメドがあります。その地域の生活保護における賃料の上限です。2015年7月以降、東京都では、23区と多摩地区の24市で、2人世帯は月額6万4000円、3~5人世帯では同6万9800円が上限となります。これに対し、北海道を例とすると、札幌市では同4万3000円/4万6000円、旭川市は同3万4000円/3万6000円。福岡県を例とすると、福岡市は同4万3000円/4万7000円、久留米市は同3万7000円/4万円です。

私たちの感覚からすれば、家賃価格の実勢の差に対して、地方のほうがかなり手厚い保護を受けているという印象を持ちます。そして、各地域の家賃相場の形成において、このプライスが下値を支えることになります。

そして、私たちが最も強調したいメリットは、東京では10部屋しか運営できないのに、同じ投資額で地方では倍、あるいはそれ以上の物件を運営できることで、空室のリスクがより分散可能なことです。そのうえ、一戸当たりの賃料のボラティリティが小さいわけですから、経営の見通しとして断然安定感があるということなのです。より肌感覚に近い言い方をすれば、地方で金融機関が「太鼓判」を押してくれる優良物件はそれほどありませんし、ライバルの物件も多くはありませんから、一度入居するとなかなか転居しません。東京であれば魅力的な街や物件があちこちにありますから、気分転換に引っ越しを試みる人もいるでしょうが、地方ではそういうことをしたくても選択肢が少ないのです。

それでも、トレンドとしての人口減少が心配、という方には、もっと安心して賃貸経営をしていただくためのスキームをご用意していますが、これについてはあくまで物件が見つかったあとの話なので、次の章で詳しく解説することにします。

■優良物件をどうスクリーニングする？

地方には物件が少ないとはいえ、それはあくまで特定の地域の中での話です。投資家である皆様がどんな物件を購入するか検討される際は、都市部以外のすべての地域が対象になるわけですから、範囲が広すぎて、絞り込むのは大変そうに感じられるかもしれません。

しかし、いまは情報化社会です。データはすべて、しかるべきところに集まってきますから、実はそれほど心配はいりません。むしろ、85ページの図表7に挙げたような優良物件は、東京と同じくあっという間に売れていきますから、鮮度の高い情報の集まるネットワークの強さこそが、本当の物件選びのポイントと言えるかもしれません。

では、地方にスポットを当てながら、物件選びの条件やポイントをいくつか解説していきましょう。

▼築20年程度までの鉄筋コンクリート造（RC造）を選べ

正直申し上げて、この条件だけで物件の数はかなり絞り込まれます。では、この背景にはどのような意味があるのでしょうか？

RC造住宅の税法上の耐用年数は47年です。築20年であれば、耐用年数から引いた残期間は27年間あり、しっかりメンテナンスしていけばこの期間は十分に安定した運用が見込めると金融機関に判断されます。しかし、最近はこの条件でも難しいことが多く、実際は残20年（築27年）くらいまでは十分検討に値します。

▼利回り8〜11%を選べ

築20年程度のRC造で利回りが8%以上あるということは、非常にお買い得な物件であると考えられます。

あるメガバンクでは、東京にお住まいの方の感覚では相当の「地方」と思えるような物件でも、築浅であれば融資が可能です。しかもマイナス金利時代ですから、貸出金利は1%、キャンペーンなどのタイミングにうまくハマることができれば、ゼロコンマ何パーセントという低金利で調達できることもあります。

図表10は、賃料収入の利回りと調達金利の差を示したものです。これをイールドギャップと呼びます。購入価格と年間賃料収入の利回りが8〜10%として、調達金利が1%だとすれば、7〜9%が手元に残ることになります。そこから元金を返済してもかなりの金額

図表10　イールドギャップとは?

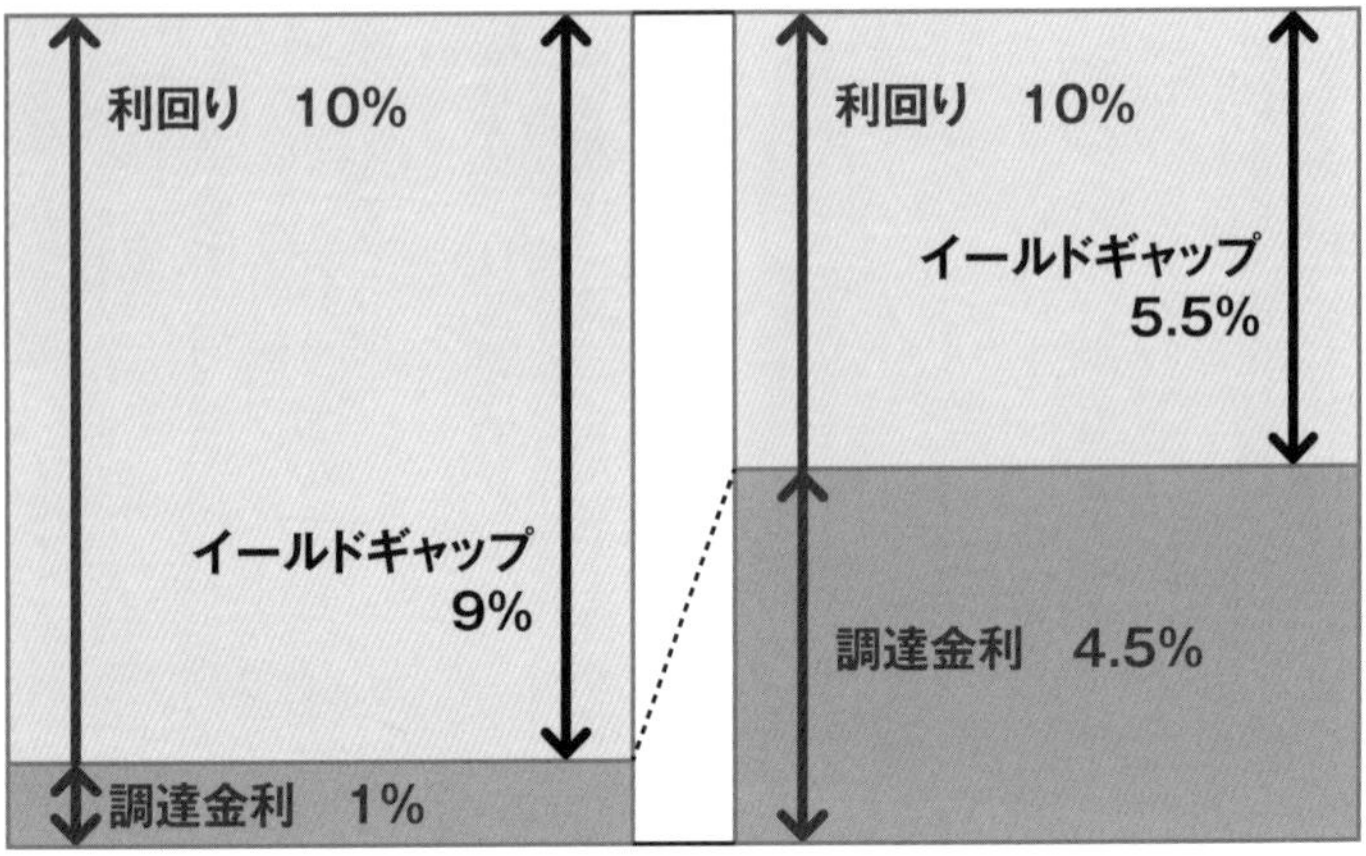

が残るわけです。

そして、利回りが高ければ高いほどいいわけではないことは繰り返し強調しておきます。もっとも「築20年までのRC造」で、利回り20～30%という物件、100%とまでは言いませんが現状ではほぼありえない話です。

毎日不動産投資マーケットを観察している私たちの感覚では、8%以上というのは「8～11%」あたりのレンジを指しています。11%で何も問題のない物件は、金利分を引いても10%残るわけですから、おそらく現時点で最高のレベルです。築年数もそこそこなのに、これよりもかなり高い利回りの物件が存在するなら、何か隠された瑕疵《かし》(欠点や欠陥など)

があるのではないかと、むしろ疑ってかかるべきでしょう。

▼「○○駅から徒歩×分」は無関係

東京をはじめとする都市部で物件を探す時、まず目がいくのは交通機関へのアクセスです。

「○○駅から徒歩×分」という条件を聞いただけで、その物件から都心部までどの程度の時間でアクセスできるのか、どんな暮らしができるのか、直感的にイメージがわきやすいでしょう。駅への道すがら、あるいはごく近所にスーパーやコンビニ、ドラッグストア等があればなおよいですし、そうした条件が家賃相場、物件価格の形成に大きな影響を与えることは言うまでもありません。

こうした感覚を当たり前に兼ね備えている都市部の方には想像もつかないことかもしれませんが、これらは地方物件ではまったくと言っていいほど関係のないケースが大半です。いいか悪いかは別として、日本のほとんどの地域では、通勤や買い物などの生活において、公共交通網にほとんど依存していないからです。

むしろ、家族一人1台の車社会が当たり前ですので、家族用のワゴン車と、サンダル代わりの軽自動車が同時に駐車できるスペースがあることのほうが重要です。勤務先にも、買い物にも、レジャーでも友だちと会うのでも、すべてクルマに乗ることから始まります。そして大型のショッピングセンターがクルマで5〜10分程度、つまり数キロ程度のところにあれば、物件の周囲に何もなくても入居者が問題にすることはない場合がほとんどです。

■物件は簡単に絞り込める

以上のような観点で物件を見ていけば、一般的な投資不動産の売買サイトで、日本中の地方からランダムに100件の売り物件を集めてきても、せいぜい数件しかひっかかりません。あっという間に絞り込めてしまうのです。それでもいいほうなのです。都市部で同じことをすれば、下手をしたら100件見て、1件もないことのほうが多いのですから。

特に地域を問わないのであれば、まず物件の存在を確かめたうえで、現地を調べる作業に移れば効率よく決断できるでしょう。

以上をご理解いただければ、あとはひたすら探すのみなのですが、地方でもよい物件は売り手市場になっているため、なかなか誰もが見られる情報として上がってこない。その前に本当によい物件はほとんど売れてしまう、というのが実情です。

そこで、全国を飛び回ってよい物件を集めている仲介業者とのコネクションが大切になってくるのです。

皆様のライバルを想像してみましょう。全国を忙しく巡回している不動産の買い取り転売のプロは、文字通り目が回る忙しさで日本中を移動し続けています。よい物件があると聞きつければ、今日は東北、明日は九州、その次は……と、熱心に動いていきます。大げさにいえば、「生き馬の目を抜く」といった状況なのです。

そこまで力が入るのは、彼らの主な目的が、最終的には不動産投資家に転売するビジネスだからです。一物件で簡単に1000万円単位の粗利が出るのですから、現在ではかなり魅力的なビジネスになりつつあります。そのネタを探すためなら、どんなに忙しくても、どんなに遠くでも駆けつけるのです。

そこまでアグレッシブなプレーヤーたちが、大勢かつ本気で狙いにきている物件こそ、よい物件なのです。ということは、彼らと伍していかなければなりませんし、そうできないのであれば中間マージンを甘んじて負担し、取得価格が上がってみすみす利回りを逃してしまうことになります。

投資の対象になりそうな物件がない、とお考えでしたら、ぜひ私たちの情報サイト「e-vest（http://e-vest「イーベスト」「不動産」で検索してください）」もあわせてご利用ください。このサイトはJPMC日本管理センターの100％子会社で一棟マンション・一棟アパートの売買仲介に特化した株式会社JPMCアセットマネジメントが運営しております。私たちJPMC日本管理センターも、日々物件獲得のために活動し、まだ一般市場には出回っていない、本書で述べてきたような優良物件を、このe-vestを通じてできるだけ多くご紹介しようと努力しています。

ただ、転売が主目的の業者とは異なり、私たちは、その後オーナーとなる個人の不動産投資家の皆様が、少しでも有利に賃貸経営を進められることで、私たち自身のロングスパンでの業績もよりよくしていこうと考えています。つまり、仲介そのものだけで大きな利益を出そうとは考えていませんし、主力事業はあくまでもサブリースや賃貸管理です。「オーナー資産の最大化」がわれわれJPMC日本管理センターのミッションです。お客様の中長期的な財産的な幸せに貢献することが、結局、私たちの社業であり、また誇りでもあります。物件の取得や手数料をいただくことは、あくまで入口にすぎません。普通の仲介業者に負けてたまるか！　という気持ちで、今日も情報を集めています。

■地方には、いろいろな意味でライバルが少ない

さて、地方で不動産投資をする理由は、物件を獲得したいというライバルの「数」が相対的に少ないというだけではありません。もうひとつ別の意味で、本当に失礼な表現になってしまいますが、皆様にとってのライバルたちの「質」がさほどではない、という要素があります。

それは、物件購入後の賃貸経営に表れます。

東京での賃貸経営を例に取りましょう。賃料こそ割高ですが、入居者にとって、不動産物件はよりどりみどりです。どの沿線の、どの街の、どのくらいの広さと築年の物件に住むか、さまざまなバリエーションがあり、考えただけでワクワクしてきます。

反対に、入居者を集めたい側は選んでもらうために必死にならねばなりません。メンテナンスに気を使い、宣伝をします。なかなか客付けできなければ仲介業者とも相談して顧客にメリットを与えるさまざまな方法を考えます。住宅設備を更新したり、フリーレントを導入したり……賃貸物件の運営は、まさに「経営」です。そこにはさまざまな「経営努力」があってしかるべきですし、努力する経営者が報われる可能性は高いはずです。

ところが地方では、案外こうした「経営努力」には無頓着なのです。入居希望者の数は少なくても、結局、検討の対象となる物件も多くはありません。ある地域、ある広さ、ある築年、車庫2台分で検索したら、ほとんど選択肢がないなどということも日常茶飯事なのです。

オーナーの「経営努力」も、当然甘くなるか、そもそも努力という概念そのものが希薄な場合も少なくありません。そんなことにコストと手間をかけなくても、少なくともこれまでは、ソコソコ入居者はあったし、多少は空室でも感覚的にピリピリしたり、焦ったりという感覚になりにくいのです。

少し踏み込んだ言い方をしましょう。本書をお読みの方々の多くは、現にビジネスの最前線で活躍し、教養や知識、経験も豊富な方たちでしょう。どのような世界、どんなビジネスであっても、努力したものが報われやすく、ゆえに努力することの重要さも体感的によく理解されています。ビジネスには戦略や戦術が大切なことも、当然ご存知です。

半面、地方にお住まいの方のなかには、地元以外のことには興味がないばかりか、経済の動向、市場の変化などにも関心がなく、ただ親から受け継いだ土地があるからという理由だけで、漫然と賃貸経営を続けている方も少なくないのです。

残念ながら彼らには「経営努力」に対する意識そのものがほとんどありません。気づけばよろしくない仲介業者や住宅設備業者の「いいカモ」になってしまうこともありますが、農業などの本業があるため、あくまで賃貸経営に対する意識は人任せ、業者任せ、税理士任せで、ありていに言ってしまえば「おまけ」程度のものなのです。

都市部で今日も戦っているビジネスパーソンと、戦術や戦略などほとんど考えたこともない地元のオーナーたち。同じ土俵にあがって、うまく戦えるのはどちらでしょうか？答えは言うまでもありません。

東京などの都市部で賃貸経営ができたとしても、周辺には自分よりもすごい相手がうようよしています。そう考えれば、ライバルの少ない地方で戦うことは競争戦略にもかなっているとは思いませんか？「レッドオーシャン」で競うのではなく、「ブルーオーシャン」で皆様のこれまでの豊かなビジネス経験を活かしていただければと思います。

■全国の空室率に大差はない

地方の衰退、疲弊が叫ばれ、「地方創生」などと政府が言い出しているのですから、さぞかし地方の空室率は高いのではないか、とお考えになったことはないでしょうか？
もっとも、日本全体で考えれば、人口減少に伴い次第に賃貸物件が供給過剰になってい
ることはマクロ的な現象です。
問題は、本当に都市部と地方で、そこまで顕著な格差があるかどうかです。
図表11は、２０１４年の全国の都道府県別に空室率をまとめたものです。同年の空室率
の全国平均は22・７％です。では、ほかの地域はどうでしょうか？　本当に地方の空室率
だけが高いとお感じですか？

いくつか、数字をピックアップしてみましょう。
まず、泣く子も黙る大都会の東京都は、さすがに空室率は低く、19％台となっています。
それでも、全国平均からマイナス３ポイント程度と、それほど大きくアウトパフォームし
ているわけではありません。
同時にほかの道府県に目を転じますと、宮城県15・４％、福島県18・４％と、東日本大
震災による需給の逼迫が続いていることをうかがわせる数字が目につく一方、福岡県19・
1％、佐賀県と宮崎県が20・３％、京都府20・６％、愛知県20・７％、鹿児島県20・９％

図表11　都道府県別空室率

出典：公益社団法人 全国賃貸住宅経営者協会連合会

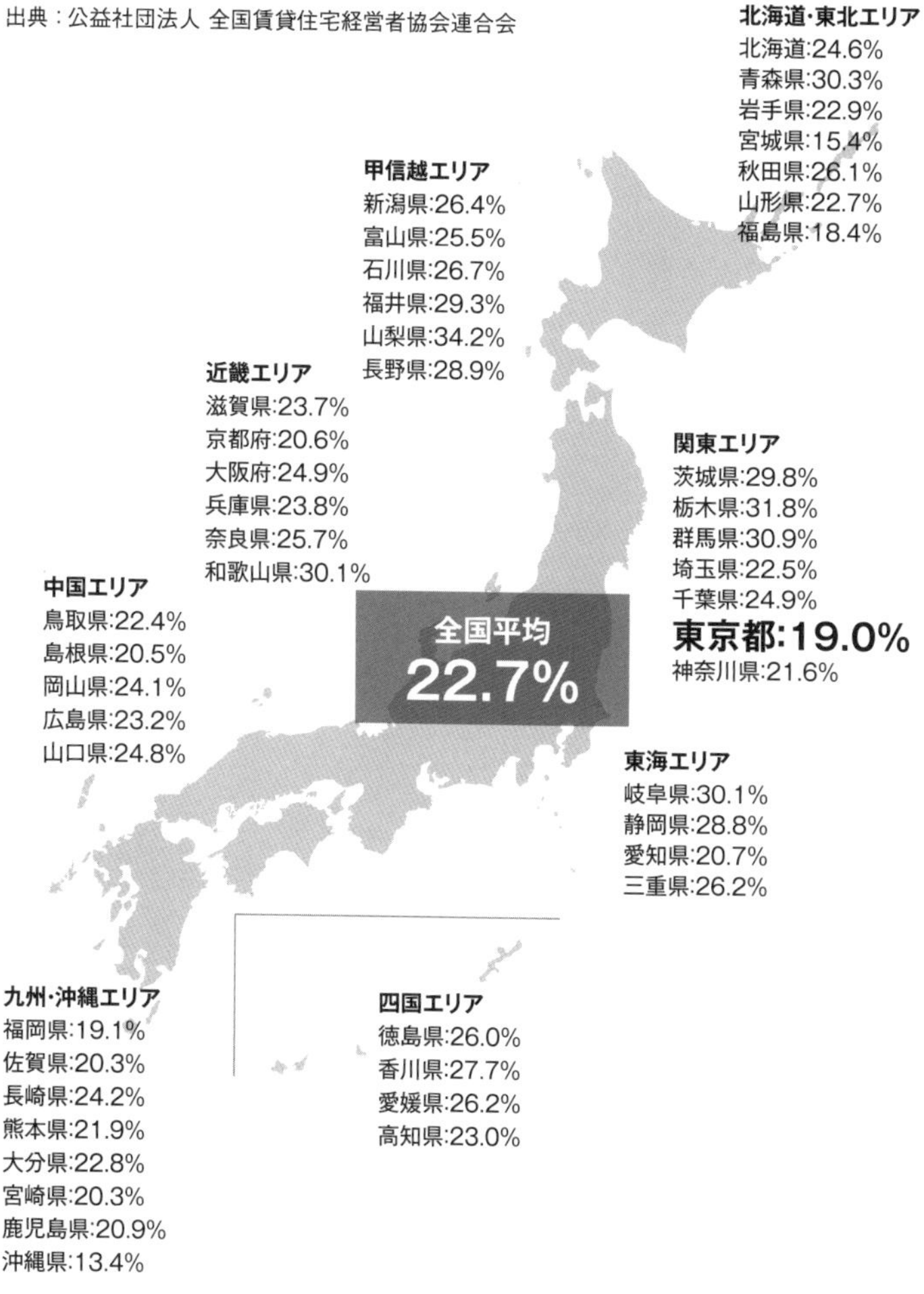
北海道・東北エリア
北海道:24.6%
青森県:30.3%
岩手県:22.9%
宮城県:15.4%
秋田県:26.1%
山形県:22.7%
福島県:18.4%
甲信越エリア
新潟県:26.4%
富山県:25.5%
石川県:26.7%
福井県:29.3%
山梨県:34.2%
長野県:28.9%
近畿エリア
滋賀県:23.7%
京都府:20.6%
大阪府:24.9%
兵庫県:23.8%
奈良県:25.7%
和歌山県:30.1%
関東エリア
茨城県:29.8%
栃木県:31.8%
群馬県:30.9%
埼玉県:22.5%
千葉県:24.9%
東京都:19.0%
神奈川県:21.6%
中国エリア
鳥取県:22.4%
島根県:20.5%
岡山県:24.1%
広島県:23.2%
山口県:24.8%
全国平均
22.7%
東海エリア
岐阜県:30.1%
静岡県:28.8%
愛知県:20.7%
三重県:26.2%
九州・沖縄エリア
福岡県:19.1%
佐賀県:20.3%
長崎県:24.2%
熊本県:21.9%
大分県:22.8%
宮崎県:20.3%
鹿児島県:20.9%
沖縄県:13.4%
四国エリア
徳島県:26.0%
香川県:27.7%
愛媛県:26.2%
高知県:23.0%

など、東京都とほとんど差がないところが目につきます。

なお、沖縄県は13・4％と突出した低さですが、これには沖縄独特の事情があります。台風などによる災害リスクがほかの都道府県に比べて非常に高く、主としてアパートメーカーが得意とする軽量鉄骨などの建築に不向きで、そもそも供給が少ないことが一因でしょう。

今度は、空室率が高いところを確認しましょう。山梨県34・2％、群馬県30・9％、和歌山県と岐阜県が30・1％などといったところが目立ちますが、それでも全国平均22・7％から著しく乖離しているわけではありません。

つまり、地方は空室率が高い、というのは、正解とも言えるし、不正解とも言えます。そして、地方だから空室率は高いに決まっている、というのは、完全に偏った見方なのです。地方でも満室物件もある一方、全戸空室の物件も珍しくありません。それらを含めて平均したものです。

そして、空室率はあくまでも統計上の平均値ですから、そこにはもはやよほどのことがないかぎり借り手がつかないであろう古い物件や、地方のなかでも過疎化の波に呑まれつつある地域も含まれるのです。こうした要素を省いて考えれば、さらにバラツキは縮まるはずだと考えられます。

■自分の出身地など、関わりのある地方ならなお有利

こうした事情は、地元に住んでいる人ほどよく知っています。なぜなら、土地勘があるからです。

もし現時点で住んでいないところのことを調べたいのであれば、その地域の出身だったり、住んだことがあったり、ご主人や奥様の出身地などで縁があったりして、土地勘のある地元の人たちの感覚、考え方を容易に知ることができる立場にいると、大変有利です。

ある地域は不思議と売り物件が多い、しかし条件は悪くない。仲介業者も何も言わない……そこで地元の人の話をよく聞くと、地元の雇用と経済に大きく貢献していた企業が丸ごと撤退してしまった、学生数の多い大学が移転してしまった、などということがあります。

ある土地で、数値上は非常に有利な物件が出たとします。しかしその地は、地元の人にはさまざまな理由で住みにくいところだということが、地元の人の話を聞いて初めてわか

る、といったこともあります。

具体的な例を挙げると、たとえば琵琶湖を抱える滋賀県は、湖東と湖西でまったく地域性が異なります。湖東は大阪、京都、神戸や名古屋へのアクセスもよく、大手企業の研究所・物流センターなどが集積することにより人口も増加傾向にあり好調ですが、湖西は残念ながらそうではありません。同じ県でも、エリアごとに特性や気候が大きく異なるのはよくあることです。先ほどご覧いただいた各県の空室率はすべてを含めた県単位での「平均値」でしかありません。もう少し網の目を細かくしてみると、同じ県内でも一方の地域は特に問題がない半面、もう片方が足を引っ張って空室率を高く見せているのかもしれません。

マクロの視線とミクロの視線を上手に使うことで、数字の先の姿が見えてくるのです。

■投資家なら必ず見たいホームページ

やや豆知識的になりますが、知らない地方への投資を考えるなら、同時にその地方の姿形を知る努力をしてみるといいでしょう。実際にやってみるとこれが案外面白いものなのです。

△△市によい物件がある、と知ったら、バカバカしいと思わないでいただきたいのですが、まずはウィキペディアの当該項目にざっと目を通してみてください。

人口や世帯構成、増減、主要な産業、進出している企業など、ものの数分でその街が元気そうなのか、そうではないのかがおおよそ読み取れます。

次に、当該自治体の役所のホームページに移ります。特に私たち取引に関わるプロは、仕事上関係してくるため、必ずアクセスします。

役所のホームページには、ウィキペディアにはないさまざまな数字や情報が出ていますが、とりわけ参考にしているのは、防災情報として掲載されている、いわゆる「ハザードマップ」です。これは、投資家の方々も必ず目を通しておかれることをおすすめします。

ハザードマップには、地震の揺れやそれに伴う火災、津波、がけ崩れ・土砂崩れなどが掲載されていますが、最もありふれていてわかりやすいのは水害です。洪水や高潮などに対してどのくらいのリスクがあると行政がみなしているのか、マップを見れば一目瞭然です。

その地域に土地勘がなければ数字上は申し分ない物件でも、実は近くの川が溢れれば浸水のおそれがあるとします。すると、最後の最後で金融機関の融資がつかなくなることさえあるのです。よく考えれば、はじめから浸水リスクを上乗せした期待利回りだったというこことなのかもしれません。

スマートフォンやPCでは、地図の標高情報から「もし○m浸水したらどこまでが被害を受けるか？」を見られるページがあります。開発されている地域こそ、土地の標高は意識されにくくなるものですから、こうした情報にも目を通しておかれるといいでしょう。

付け加えますと、かつては「山の手」などと言われながら、最近の東京では時に嫌われることもある坂の上の物件ですが、地方ではある程度標高の高い物件のほうがいいとお考えください。

洪水のリスクを避けられるだけでなく、移動は基本的にクルマですから、高低差など苦にならないのです。これも都市部で暮らし、徒歩や自転車で頻繁に移動される方にはわかりにくい感覚かもしれません。

■東京の郊外だって「地方」に該当する

さて、ここまであえて触れてこなかったのですが、地方と強調している割に、どこからどこまでが地方なのかを明確には示してきませんでした。

読者の皆様の多くが都市部にお住まいだとして、単に「地方」と聞かされれば、おそらく多くの方が1都3県と大阪、京都、神戸、名古屋などの大都市とその周辺部以外を想像されると思います。

しかし、実際に人口減少、不人気などの理由で物件探しから敬遠され始めているのは、実は都心部のターミナル駅から1時間近く離れているような郊外も同様なのです。神奈川県や埼玉県、千葉県には、そうした地域がたくさんあります。それらも本書における「地方」の一部として考えていただきたいですし、多くの投資家の注目から外れている割に、物件までの距離が近く、また知り合いをたどれば情報も得やすいですから、なかなか賢い戦略ではないかと思います。

首都圏であれば、むしろ地方よりも賃貸の環境は悪くありません。雇用もありますし、減り始めているとはいえまだまだ人口も多く、何といっても東京から近い場所なのです。

こうしたところであれば、多くの読者の方にとってご自身の「土地勘」も活かされるのではないでしょうか？　最近は、東京の郊外でも人気の街とそうではないところの二極化が進んでいます。

たとえば、こんな話を聞いたことはありませんか？

神奈川県相模原市に「橋本」という駅があります。かつては旧国鉄の2路線が交わる郊外の駅でしたが、1990年に京王線が延伸開業し、2027年には中央リニア新幹線の駅が開業する予定になっています。現在、再開発事業が進められていると同時に、工場跡地に数々のタワーマンションや大型商業施設が建設され、周囲とは一線を画した発展を続けています。こういう情報や感覚こそ、まさに「土地勘」です。

では、そのほかの地域はどうなのか。一見地味なところにこそ、実はお買い得な物件があるのではないか。何の縁もない地方で探すよりも、自分の出身地やその周辺、勤務地や取引先、果ては出身校や友人の家のある街までも「土地勘のある地方」として投資の対象になるとわかれば、がぜんチャンスも確度も高まってくるはずです。そうした情報や感覚を、ぜひ物件選びに活用してください。

■その気になれば、地方を救う一歩にもなる

読者の皆様のなかには、地方ご出身の方も少なからずいらっしゃることでしょう。そして、帰省のたびに変わっていくふるさとの姿に、ひょっとすると心を痛めていらっしゃるかもしれません。

本書はあくまで賃貸経営を行うための手段として地方に着目していますが、あえてそこから一歩踏み出しますと、ふるさとを思い、行く末を案じる気持ちをもとに、ご自身のふるさとで賃貸経営を始めることで、ふるさとを改善する一歩が踏み出せるかもしれません。

私たちはあくまで、投資家である皆様には、有利な賃貸経営をしていただきたいと考えています。そして、そのためには全国さまざまな物件をご検討されることをおすすめします。

ただし、多少は収益向上のためのハードルが高いものであっても、前述した通り土地勘や情報入手の問題、そして、親御様やご親戚、友人などとの関係をはじめとするオーナー様の個人的な人生の充実感を非金銭的なメリットとして考え併せるのであれば、ご自身のふるさとに限定して経営されるのも決して悪くはないと考えます。

ご両親がご健在であれば、管理や維持メンテナンス業務をお任せし正当な報酬として管理費などを渡すことができます。ご両親の老後の働きがいになったり、小遣いのねん出に充てたりできるかもしれません。

近年、遠く離れたところに住む親御様の介護のために、頻繁に帰省せざるを得ない方の話を聞きます。場合によっては、東京での暮らしを諦め、介護のために引き揚げUターンをするケースもあるとのことです。その時、すでに地元で賃貸経営が確立できていたら、こんなに心強いことはありません。

地方再生、地方創生などと言われますが、その核心は、どうやってお金の流れを創るのか、ということにつきるでしょう。まず物件の固定資産税は地方税ですので、しっかり納税すればそれだけでも地域貢献になります。もしも資産管理会社をその地域に登記すれば、地方法人税はふるさとに納税できます。このようなかたちで地域に貢献できるのです。

また、ご自身が東京で培った経営感覚によって、ふるさとに良好な住環境を提供することもできます。ただ地方にあるというだけで本来の価値が評価されない不動産に光が当たり、投資資金として都市部からの所得移転が起こります。

いずれのケースも、東京に出て努力された結果得られたキャッシュフローや資産、そして知識と経験をふるさとに還元する方法となりえます。地方経済の活性化は、こうした流れからも始められると思うのです。

繰り返しますが、当社としてこの考えを押しつけるつもりは毛頭ありませんが、ふるさとに対する思いを投資に乗せることは可能だというつもりで仕事をしておりますこともご記憶いただければ幸いです。

■地方での賃貸経営にはハードルもある

ここまで、地方に投資する際のさまざまなメリットを述べてきましたが、低くはないハードルが存在することも確認しておく必要があります。

都市部に住んでいる投資家が、縁の薄い地方によい物件を見つけ、取得して賃貸経営を始めるため、金融機関に自ら直接融資を申し込んだとします。するとこの時点では、おそらく大半のケースで都市部、とりわけその方自身がお住まいの地域の物件について融資を申し込んだ場合と比較すると、よい融資条件にはなりにくいでしょう。

具体的には、そもそも融資相談を断られたり、物件価格に対する融資掛け目を大きく下げられたり、金利が高かったり、金利の高い金融機関しか融資に応じてくれなかったりするのです。

掛け目を下げられれば、不足分を自己資金などで調達できないかぎり物件は購入できませんし、金利が高ければ、仮に購入できたとしても賃貸経営にダイレクトに影響を及ぼします。

しかし、金融機関の側にはもっともな理由があります。

もし、縁の薄い地方で優良物件を見つけた個人投資家がいきなり直接現れて融資を求めてきても、金融機関にとって、その投資家が賃貸経営ビジネスを問題なく持続できるかどうかは未知数です。賃貸経営の実績がない人ならなおさらです。

賃貸経営を持続していくには、資金調達以外にもいくつかのポイントがあります。物件の近くに住んでいないのに、どうやって物件を購入しようと評価したのか。どうやって入居者を集めるのか。そしてどう管理し、メンテナンスなどを行うのか。こうしたオペレーションが伴わなければ、どんなに優良な物件であろうと、長い期間にわたって融資を行う銀行にとって、評価できるビジネスにはならないのです。

ここに私たちがお手伝いをする意味があります。

私たちの仕事が、ただ全国から優良物件を探し、ご紹介するだけではないことはすでに述べた通りです。物件を管理するだけでなく、全国に１３００社を超えるパートナー企業が存在し、メンテナンスなどにも万全を期し、あらゆるニーズにお応えできます。

そして、第４章でご紹介するスーパーサブリースなどのスキームによって、空室リスクを限定することができます。

地方での賃貸経営に数々のノウハウを持ち、これまで多くの投資家の皆様を金融機関にご紹介してきた私たちとお付き合いしていただいているからこそ、こうしたメリットを享受することが可能になります。そしてそれは、そのまま賃貸経営の持続性に直結し、金融機関の融資の受けやすさ向上につながっていくのです。

■ＪＰＭＣ日本管理センターの３つのサポート

この章では、地方に投資する際の不安や疑問を取り除くため、私たちＪＰＭＣ日本管理センターの考えをお伝えいたしました。

それでも、地方で物件を探し、賃貸経営をしていくことに、不安が伴うのはもっともなことです。特に、初めての投資であればなおさらでしょう。

そこで、ＪＰＭＣ日本管理センターでは、主に３つのサポートをご用意しています。

（１）物件探しをサポートする「ｅ-ｖｅｓｔ」

この章でご紹介した通り、投資条件にかなう人気の物件を、当社独自のネットワークでお客様にご紹介しています。具体的には、弊社のコンサルタントたちが１年間にお目にかかる１万人近い賃貸不動産オーナーや、ＪＰＭＣ日本管理センターのパートナーの全国ネットワーク約１３００社以上（不動産系のネットワークでは国内最大です）から地元密着でかき集めた売却情報をご提供しています。「物元情報」にこだわり自ら主体的に「売却物件情報をオーナーから直接いただく」ネットワークを構築している仲介会社は全国に類を見ません。同じ条件で他社情報サイトを検索し、比較いただければ、私たちの足で稼いだ情報力による「よそには出ていない物件」がたくさん見つかるはずです。

私たちの物件探しは、いわば「産地直送」です。新鮮とれたての正確な情報を直接投資家の皆様につなぐことこそ長期的に、お客様のためにも、管理業である当社のためにもなるのです。

（2）資金調達のサポート

二つ目は、ファイナンスアレンジです。二つの面からサポートいたします。

(1)提携金融機関のご紹介

全国90を超える金融機関と提携をしております。投資家や物件特性に合わせた、最適なファイナンスアレンジを行います。

(2)ＪＰＭＣファイナンスのご紹介

提携金融機関といえども、一般的には売買価格の9割程度までの融資が限界です。投資家のご事情により、残りの1割、場合によっては諸経費まで含めた資金を、当社の関連会社ＪＰＭＣファイナンスがサポートさせていただくことができます（融資に当たっては所定の審査があります）。結果的に投資家にはフルローンやオーバーローンを提供可能です。

詳細については第5章で述べていきます。

（3）スーパーサブリース

物件を購入し経営を始めても、本当に入居者が集まるのか。どれくらいの賃料を払っていただけるのか。こればかりは未来のことですから、正確なことはわかりません。

サブリースという言葉をお聞きになったことのある方は少なくないでしょう。しかし、一部に必ずしもオーナー様のために設計されていないケースが散見されることによって、少し厳しい言い方をすれば不動産投資において「ＮＧワード」のような扱いを受けている場合もあります。

本来のサブリースはそうではありません、提供する私たちと一定の割合でリスクと収入を分かち合い、長期にわたって最低家賃収入を保証しつつ、最終的には物件そのものの価値、そして金融機関からの融資の受けやすさまでを改善していく仕組みなのです。

第４章では、まず当社のスーパーサブリースについてご説明して参ります。実際の賃貸経営におけるリスクのイメージが、大きく変わるのではないかと確信しています。

第３章まとめ

第３章では、地方で物件を見いだすためのテクニックを考えました。重要なポイントをおさらいしましょう。

地方での物件探しと賃貸経営をおすすめする最大の理由は、物件の獲得においても、その後の賃貸経営においてもライバルが少なく、賃料の変化（ボラティリティ）も小さいため少額投資でもリスク分散しやすいからです。

地方といっても、都市部のすぐ近くの郊外も不人気になりつつあり、「地方」とみなすことができます。土地勘や縁を活用し、地方で宝の山を見つけ出していきましょう。

第3章のポイント

- 地方物件は取得しやすく、賃料の変化のボラティリティも小さい
- 都道府県別によって空室率にあまり差はない
- 土地勘を活かすとよい
- 地方は賃貸経営においてもライバルが少ない
- 都市部の郊外も「地方」と考えられる

第4章

安定収入を得る「スーパーサブリース」

Scene4

問題は使いよう

宮田誠（大手損害保険会社の部長代理）
岡部直樹（都内有名私立病院の消化器外科副科長）
横山大輔（IT企業の経営者）
岡部由加（直樹の妻）

三人はすでに締めのお茶漬けを平らげた。

「どうする？　もう一軒ぐらい行っとくか？」

明日の手術がなくなった岡部は、一方的にしゃべらされたせいなのかまだほろ酔いで、ちょっと名残惜しそうだ。

だが、宮田はけっこう酔ってしまっていた。用心深く左手の腕時計を見ると、すでに10時30分を回っている。しかも今日は木曜だった。

都心住まいの岡部と横山はタクシーになってもいいだろうが、宮田には到底できない相談である。かといってあと1時間付き合って、終電ギリギリの電車で苦労しながら帰るのも避けたいところだ。

「おー、まあ、うん、今日はこのあたりにしとこうよ、な？　それに、なんだか衝撃的な話が多くて、あの、あまり酔わないうちに記憶しておきたいしなあ」

口調が怪しくなり始めている宮田だったが、これには横山も同調した。

「いや、多少酔っていても、宮田の言う通りだよ。オレも結局、社長だCEOだっていっても、いまのところ誰も将来の面倒を見てくれる人はいないからな。仕事は楽しいけどさ、せめて会社が傾いて最悪の事態を迎えるのを避けるための保守的な投資をしておいたほうがいいだろうし、そのほうが手持ちの現預金も増えそうだしな」

話の本質的な部分に対する理解は、横山のほうがだいぶ進んでいるようだった。そういえば横山はほとんど酔わない体質である。

「何だよ横山っ、オレも真面目に考えているんだよ。置いてかないでくれー」

「おっ宮田、お前もだんだんその気になってきたか！　よし、今度うちの担当者を紹介するぞ」

飲み足りずに残念そうな岡部だったが、別の意味で前のめりになってくる。

「いやいや、岡部先生の言いたいことは大体わかったんだけどさ。それでもやっぱり簡単には踏み切れないもんですよ」

「なんでさ」

「地方でも東京でも、そんなに空室率も違わなければ、経営環境も違わないことはわかった。わかりましたよ。だったらライバルの少ない地方のほうが何かといい、というロジックも呑み込んだ」

「なんだお前、飲み過ぎたのか？　水もらっとくか？」

岡部は思わず苦笑する。

「オレが言いたいのはさ、そういう全体的な、こう、マグロ的な……違った、マクロ的な話としてはだよ、お前のしていることの方向性が理にかなっていたとしてもだよ？　もしお前の、岡部なんとかエステートの保有物件だけそれに反して、店子がぜーんぜんつかなくなるってことだって、ありえるだろう？」

「岡部和幸エステートだ。カミさん意外とマジでこの社名を気に入っているから、聞かれたら怒られるぞ」

「おお、すまん。由加ちゃんには言うなよ。でも、その辺どうなんだよ？　いまはいいとしてもだ、本当に長い間、ちゃんと経営できるのか？」

ほぼシラフの横山も加勢した。

「うん、酔っ払っている宮田にしては割と上出来なツッコミだな。リスクはたしかに東京で買うよりも分散できているとしてもさ、それはある意味、あく

まで『当社比』の話だろう？　で、いま2棟あるんだっけ？」

「そう、2棟で30戸ちょいだよ」

「それで、近所にある大きな企業の工場が突然景気が悪くなってたたんじゃうとかさ、変な話、隣に迷惑なやつが越してくるとかさ、ミクロのリスクを考え始めたら起きてほしくないことはいくらでもあるだろう？」

「まあ、その通りだな」

「でもお前は、すでに銀行から2億もの金を借りているわけだ。まあ医者としての年収もあるし、資産も持っているからいいとしてもさ、いざ賃貸経営を始めてみたら目論見が外れて金が回らなくなるっていうリスクからはなかなか逃れられないだろう？　もう走り始めちゃってるんだから、そういう状況になったらさすがに厳しくないか？」


宮田がうなずき、すっきりした表情で付け加える。

「そうそう。オレの言いたかったことは、ただいま横山CEOがぜーんぶ言ってくれました！」

「大丈夫か？　やっぱりそろそろ帰ったほうがいいかもな。宮田、また酒に弱くなったんじゃないか？」

岡部は苦笑しながら続けた。

「そういうリスクを回避するために、スーパーサブリースっていうスキームを入れているんだ。これで、収入の下限が確定できるんだよ」

サブリースという言葉に、横山は聞き覚えがあった。

「おい岡部、そのサブリースって、あんまりよろしくないやつなんじゃないのか？」

「何がさ？」

「ほら、さっきも話したけど、オレの田舎で、よく農家の土地持ちの同級生とか知り合いがアパート建てるんだよ。で、お客はつけてくれるって言うから安心して建てさせたんだけど、何年かしたらお客さんつかないから賃料下げますって言われちゃって。で、よく考えてみたら、だったら最初からやらないほうがよかったんじゃないかって後悔しているんだ。その時に、『サブリースはヤバい』みたいなことを言っていた記憶があるぞ」

岡部は、まったく動じなかった。

「だからさ、うちのは『スーパーサブリース』なんだよ」

「スーパーだか何だかわからないけど、結局サブリースなんだろう?」

「何だよ、オレにも教えてくれよ」

宮田はすっかり置いてきぼりを食っている。

「サブリースっていうのはさ、別にそれ自体が悪い手法ではないんだ。場合によって、よ

く理解しないままよろしくない方法で使われている例もあるけれど、それは包丁で人を脅すか、お刺身を切るかの違いでしかない」

「なーるほど、人を憎んでサブリースを憎まずか！」

宮田は、わかったようなわかっていないようなことを言っている。

「まあ、そういう理解でいいよ。表向きがどうかは別として、建てさせた会社のためにやっていることなのか、オーナーのためにやっていることなのかの違いだな」

「岡部の話が本当だとすれば、下限が決まっているのはたしかに安心だな」

「最悪の場合が具体的に想定できるわけだからな。しかも20年で契約しているから、さっきお前が言ったアパートみたいな話にはならない」

岡部には、確信があるようだった。

「それに、スーパーサブリースがあるおかげで金融機関の審査も通りやすくなるし、万が

一、何かあって物件を売却しなきゃならなくなった時も、サブリース付きのほうが高く売れるっていう話だ」

横山はだんだんわかってきたようだ。

「上限も下限も確定できるってことは、ビジネスとしての幅が決まるわけだから、銀行としても計算しやすいよな。売る場合だって、現に入っている店子だけじゃなくて、将来も保証してくれるなら価格が上がるのも納得のいく話だ」

「んー、横山CEOは、納豆食いたいのか？」

宮田は酔っているというよりも、少し眠そうだった。岡部は笑って引き取る。

「おう宮田、納豆食おう。知り合いがやってるいい温泉旅館があるんだけど、地鶏の生卵と朝飯の納豆が妙にうまいんだよ」

今度は横山が苦笑した。

「おい、何の話なんだよ！」

「お前も本当に興味があるならさ、今度その、カミさんの実家のある街の物件を見物に行くか？　近くに知り合いの温泉旅館があってさ、露天風呂がなかなかいいんだよ」（つづく）

■誤解されているサブリース

将来を完全に予測できない以上、あらかじめリスクに備えておくことは、どんな世界でも基本です。

働き手には生命保険や傷害保険を、子どものために学資保険を、自動車事故のために自動車保険に入ります。それと同じことです。

私たちは、地方で物件を経営する際のリスクに備えるために、オーナー様に「スーパーサブリース」をはじめとする各種サブリース商品を提供しています。

ところが、この「サブリース」という言葉に拒否反応に近い感覚を抱いている方が、残念ながら少なからずいらっしゃいます。

この章では、地方での賃貸経営を安定させるスキームとしての「スーパーサブリース」を説明することが趣旨ですが、その前に、誤解を受けたまま不名誉な扱いをされることの多いサブリースの仕組みそのものについて、名誉を回復させたいと考えます。

たしかに、サブリースの仕組みを、建築会社やハウスメーカー側のほぼ一方的な「建てる論理」で用い、結果としてオーナー様に負担をかけている例は散見されます。

しかし、サブリースそのものに問題があるわけでも、罪があるわけでもありません。あくまでスキームであり、道具にすぎません。不信感を解消し、オーナー様をはじめ皆様のリスクを分散するための決定打としてサブリースを使っていくために、まずはサブリースそのものの仕組みから解説していきたいと思います。

■そもそもサブリースとは？

紙幅の都合上、本書ではサブリースの基本中の基本だけを述べることにします。詳しくは、拙著『そのアパート経営は諦めるにはまだ早い！』『賢い大家さんは賃貸で稼ぎながら相続税も節税する！』（いずれもKADOKAWA）や、当社セミナーおよびホームページなどで解説させていただきます。

さて、ごくごく簡単にサブリースを言い換えると、「一括借り上げ」というイメージになります。

つまり、賃貸物件を経営しているオーナー様が、自力で、あるいは仲介業者を通じて入居者を集めるのではなく、サブリースを提供する企業がその間に入り、その賃貸物件を丸ごと借り上げましょう、ということです。

この仕組みがなぜ存在するのか、それぞれの立場から考えてみると、本質がご理解いただけると思います。

まず、サブリースを行う会社は、すべての戸数を一括して借り上げ、空室リスクを引き受ける代わりに、オーナー様から手数料、あるいは転貸利益を受け取ります。

オーナーは、サブリース会社にリスクを引き受けてもらうことにより、最低限の収入が確定できます。その額が、金融機関からの借入に対する金利負担や元金の返済を上回っていれば、かなり返済リスクを小さくし、賃貸経営を安定させることができるわけです。しかも、入居者を集めるための活動や万一の際のクレーム対応から解放されます。

■「よいサブリース」と「悪いサブリース」の違い

ここまでの説明に、何か悪意のようなものをお感じになられたでしょうか?

ただ実際は、サブリースをある種のセールストークに使うことで、物件を「建てさせる」ビジネスが展開されていることは否めません。そのために、サブリースという本来は便利で使い勝手のよい仕組みが、あらぬ誤解を受けてしまっているのです。

特に、郊外や地方都市でよく展開されている、軽量鉄骨2階建てのプレハブアパートを販売する際のセールストークとして、相続税対策などと一緒に、「賃料を保証します」という言い方をすることがあります。この際に使われるスキームも、たしかに先ほど述べたサブリースです。

では、「よいサブリース」と「悪いサブリース」は、どこが違うのでしょうか?

注目すべきは、その物件を建てる前からサブリースを同時進行で契約するケースです。一見、何が問題なのかわかりませんが、なかには次のようなビジネスになっているものもあります。

建築側は、施主兼将来のオーナーを安心させるため、サブリースを提案します。そして、たとえば「6戸で賃料5万円保証ですから、月額30万円になります。30年間保証します」という言い方をするわけです。周辺の家賃相場からもそれほど安くない価格であることが多く、契約の内容自体にこの時点で問題があるわけではありません。

しかし、そんなうまい話はありません。こうしたケースには、大きく分けて2つのからくりが隠れています。

まず、サブリース契約によって、本来はサブリース側とオーナー側がしかるべき割合で互いに分け合うべきコストやリスクに関して、サブリース会社は建築の際の建築費に上乗せることで、巧みに回避することができるのです。なぜなら、サブリース契約があることが前提で建築するかどうかの話が進むからです。そして、オーナー側はその建築費が適切な水準かどうかを理解していないケースが多いのです。

そしてもうひとつは、サブリースの契約期間が30年間であると同時に、実は2年などの短期間で賃料を改定できる条項が入っているケースです。実際に入居者が集まらず、しかるべき賃料に下げなければ集められない、という理由を言ってくるのですが、当初の契約の際にはあまり強調してこないのがポイントで、巧みにサブリースの保証額を下げにかかるのです。拒否すれば、サブリース契約自体が解除できるような条項まで含まれているのに、気づかないうちに、あるいは気づかせないようにして締結までもっていくのです。

この流れの結末はこうなるでしょう。

——建築会社は建てた時点で十分に利益を確保しています。2年間の賃料保証分のコストも建築費で回収済みです。オーナーは、この時点では建築会社の営業マンが言った通りの収入が順調に入ってきて安心しています。しかもサブリースですから、大家としての煩雑な仕事もありません。

数年後。サブリース会社から連絡があります。

「賃料の実勢相場とサブリース契約の保証賃料が合わないので、契約に基づき賃料を改定させていただきます」

そんな条項があったことに驚いている場合ではありませんでした。新たに提示された賃料を見てもっとビックリします。その額では、毎月の元利返済を下回って「持ち出し」になってしまうのです！

まさか、最初からそのつもりだったのでは？ そんな疑念にとらわれてもあとの祭り。賃料改定が嫌ならサブリース契約は解除、あとは自力で入居者を確保してください、ということになります。

あわてて賃貸仲介業者に駆け込んでも、なかなか入居者は集まりません。なぜなら、そもそもその土地は賃貸経営に適していなかったにもかかわらず、建築会社の営業マンが「相続対策に有効」とか、「賃料保証」と口説いてきたのを信じて建ててしまったからです。

こうしてオーナーには、空室の目立つ物件と、借入金の負担だけが残りました――。

残念な話ですが、同様のケースは各地で見られます。しかし、法に触れているわけではありませんから、結局は何もできず、自ら賃料を大幅に下げての経営、サラリーマンなどの給与収入から補填を続けざるを得なくなるのです。

私たちが口を出すことではないかもしれませんが、あくまで不動産賃貸のビジネスに携わるものとして衷心から申し上げておきたいのは、サブリースに関して以下の項目を必ずチェックしておいたほうがいいということです。

▼物件の建築自体とセット、オプションになってはいないか？
▼賃料改定の条項など契約内容を細かくチェックすること

■利害共有、同じ船に乗るサブリースで「復権」を目指す

このようなケースが珍しくないのであれば、サブリースに対する嫌悪感、NGワード感も「さもありなん」ということになってしまいます。

しかし、繰り返しますが、本来サブリースは仕組みのことであって、いいも悪いもありません。問題は、使い方や説明の不足です。

当社がご提案する「スーパーサブリース」は、先ほど述べたような例とは決定的に異なります。当社は、建築会社ではありませんので、サブリースをつけることが取引の必須条件ではありません。契約されるか否かは、メリットとデメリットをよくご理解のうえで、あくまでオーナー様に行っていただきます。

これからご紹介していく「スーパーサブリース」の仕組みは、このマイナス金利時代に、私たちもオーナー様も、そして金融機関も巻き込んだ安定したスキームとして、自信を持っています。自社にて建築は行いません。

私たちは、少し気負った言い方をすれば、いままで気の毒な、不当な扱いをされてきたサブリースを「復権」させたいと願っています。

■サブリースの本来のメリットとデメリットとは？

たとえ本来の意味でのサブリースを導入した場合でも、デメリットは存在します。メリットについて説明する前に、ますデメリットを見ていきたいと思います。

もしオーナー様が、自信を持って実勢賃料かそれ以上で中長期的に入居者を集められる自信と時間的な余裕をお持ちなのであれば、サブリースは不要です。引く手あまたなら、そこにコストをかけてリスクをヘッジする必要はありません。

しかし、その代わりに何でもオーナー様自身が自主的に経営へ関与する必要が出てきます。入居者との契約もご本人で行う必要があるのは当然ですが、賃貸物件は生き物ですから、エアコンが壊れたり、トイレが詰まったりもします。

そうした対応も、もし自主管理をされるのであれば一義的にはオーナー様自身で行わなければならなくなります。

もしオーナー様がサブリース契約を結べば、入居者と契約するのはあくまでサブリース会社です。事務処理はもちろん、エアコンが壊れた場合も、トイレが詰まった場合も、対応する義務があるのはサブリース会社です。

自宅の庭に新たにアパートを建てたり、自宅兼賃貸物件であったりする場合を除けば、いちいち賃貸物件のさまざまな問題に対応することは大きな負担になります。まして今回は地方の物件に投資することをおすすめしているわけですし、そのうえ多くの投資家の方は、現役として本業をお持ちで、しかも高収入である以上それなりにご多忙のはずです。

ご自身の能力や専門性を十分に発揮され、その結果、社会的な成功を得られているのに、わざわざそのリソースを賃貸経営に割く必要があるでしょうか？　できるだけ最小限にしたほうがいいのではないでしょうか。

これだけでも、本書の読者の皆様には大きなメリットになるはずです。そのうえで、賃料保証まで「ついてくる」のです。

■「スーパーサブリース」で安定収入を得る方法

それでは、当社が提供している「スーパーサブリース」の概要を説明します。余談ですが、サブリースに「スーパー」の名を冠したのは、誤解されているサブリースを本来の目的で使いたい、という私たちの思いを込めたからです。

「スーパーサブリース」の特徴は、次の三点です。

▼保険付き

ＪＰＭＣ日本管理センターが賃料を保証するだけでなく、その仕組みに損害保険をかけ、信用を補完しています。引き受けているのは、世界的な損害保険会社です。

▼長期保証

新築の場合であれば最長で35年、既存の建物の場合は最長20年の長期にわたり借り上げることが可能です。細かい条件は構造等によって異なります。

▼収益分配型

仮に保証した賃料以上の収益があった場合は、オーナー様とJPMC日本管理センターで分配し、オーナー様にとっての収益性の向上を実現しています。

図表12を使ってご説明します。

この例は、一戸賃料5万円×20戸の物件、つまり月額賃料収入が満室で100万円のケースにおいて、サブリースの賃料保証70%のプラン（月額賃料保証70万円）をお使いの場合です。

一般的なサブリース契約の場合、このケースでは、7割を保証する代わりに、残りの3割に関する賃料収入はサブリース会社が得るケースが一般的です。この場合は仮に物件取得に要した借入金の元利返済分を賃料価格の80%×80%の64%としていますから、そのま

図表12　JPMCスーパーサブリース　収益分配の事例（収益率100％の場合）

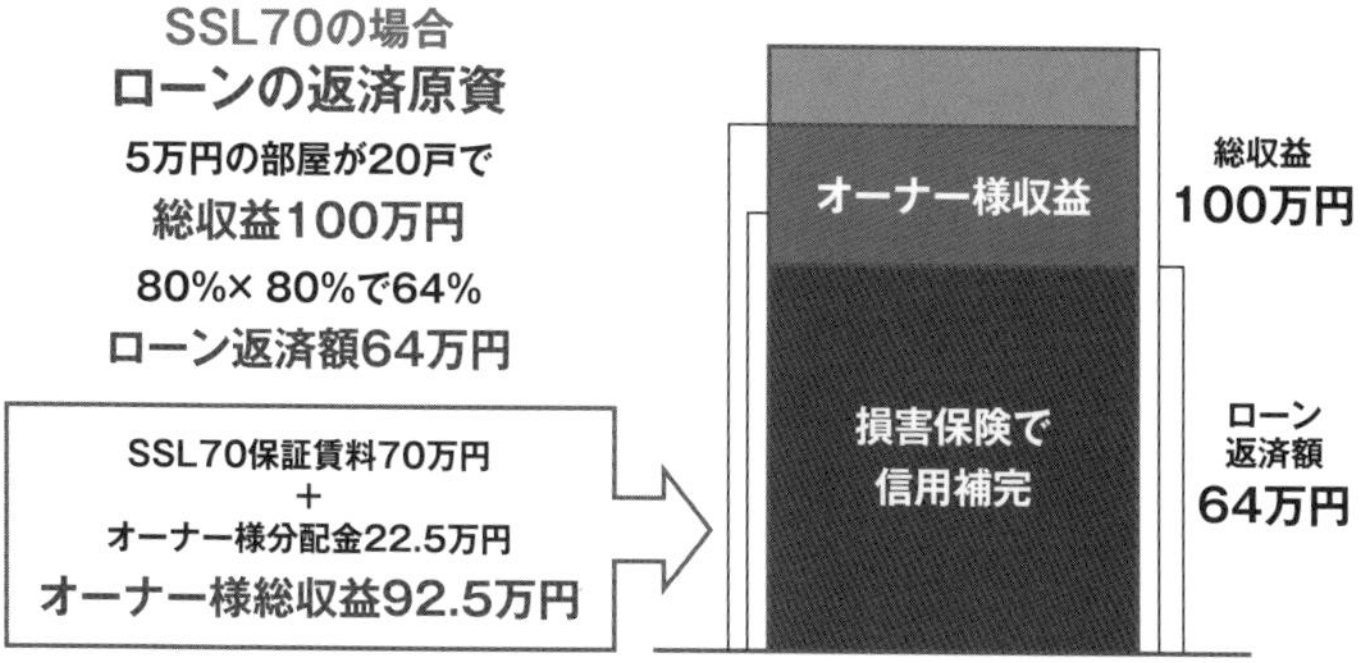

ローンの返済原資を損害保険でバックアップし、それ以上に上がった収益はオーナー様にも分配します

までも70万円－64万円で、月額6万円がオーナー様の手元に残ることになります。しかも70万円には損害保険会社の保証がついているので、当社に万一のことがあってもお客様にご迷惑は及びません。

そして、残りの3割分の収入に関しても、「スーパーサブリース」では、お客様と日本管理センターで分け合うことにしています。その比率は、保証賃料の割合によって変化します。70％保証の場合は、残り3割分のうち、実際の賃料収入の4分の3を分配いたします。このケースでは満室運用で30万円×0・75で22万5000円がさらにオーナー様に分配されることになります。保証賃料部分を含めて、オーナー様の総収益は92・5万円となります。残り7万5000円はJPMC日本管理センターの取り分となります。

つまり、最悪のケースでも借入金の返済に支障なく運用ができ、満室に近くなればなるほど、オーナー様にもリターンが増えていくということなのです。

これが「収益分配型」のサブリースです。

しかし当社は、物件の仲介と同様、サブリースで大きな利益を出すことはせず、あくまでオーナー様の物件取得のお役に立つためのスキームとしてご用意しているだけです。大原則は、プロフェッショナルなプロパティマネージャーとしてお客様の物件を長く経営させていただくことで、同じ船に乗っていくことだからです。

■「スーパーサブリース」で物件の価値そのものを上げる方法

以上は、オーナー様の運用面から見た、「スーパーサブリース」導入の特徴とメリットです。このサブリースは「購入」と「売却」にも大きなメリットがあります。

「スーパーサブリース」を導入した物件は、導入したこと自体で物件の評価が上がることも期待できるのです。

図表13　物件価格の決まり方　収益還元法

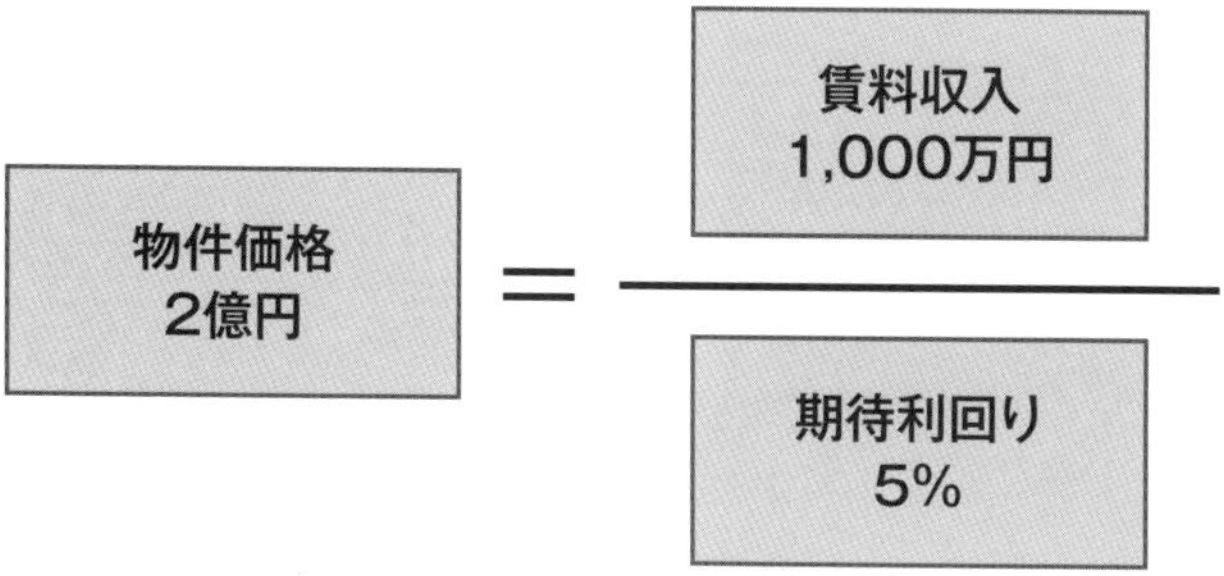

物件評価の一手法である、収益還元法の観点から考えれば、ある物件の価格は、想定される賃料収入と期待利回りから逆算することができます。

図表13の例では、年間賃料収入が１０００万円、期待利回りが５％とすると、物件の価格は１０００万円÷０・０５で２億円と計算することができるわけです。期待利回りは、その物件が存在しているエリア、築年数、構造などを踏まえた物件のリスク、新しい言葉で申し上げると賃料の上下変動率（ボラティリティ）で決まります。

この物件に、「スーパーサブリース」を導入したと想定してみます。

図表14　スーパーサブリース導入でバリューアップ

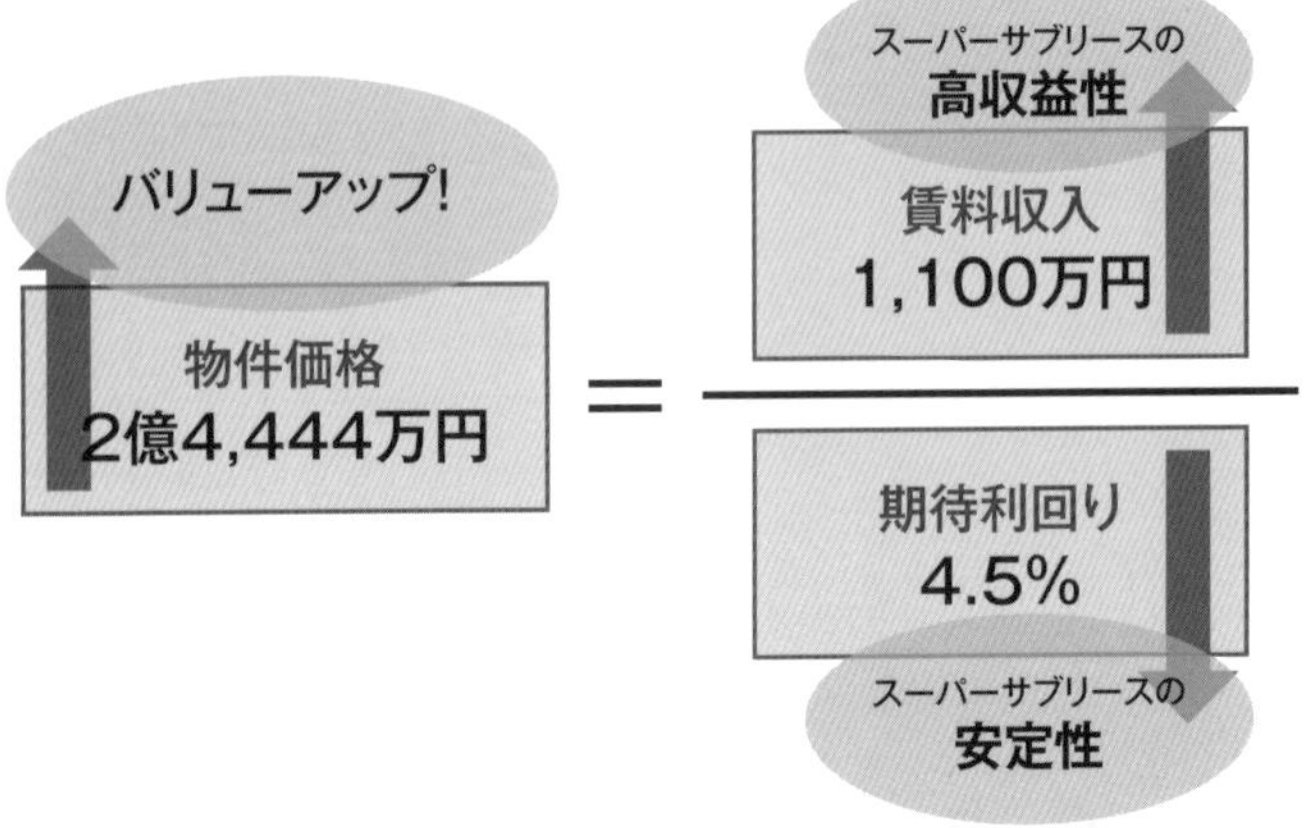

図表14がその例となります。「スーパーサブリース」を導入することにより、マーケットから逸脱した低すぎる満室賃料を見直し、賃料収入を10％増しの1100万円とすることができたとします。一方で「スーパーサブリース」を導入したことによって賃料の増減幅、つまりボラティリティが一定範囲に収まるためにリスクが少ないと見なされて期待利回りは下がります。同じ物件でもたとえば4・5％まで下げて考えられるようになります。

分子が上がり、分母が下がるのですから、答えは大きくなります。この例では、同じ物件に「スーパーサブリース」を導入したことによって、計算上は20％を超えるバリューアップしたことになります。

ピンとこない方のために、別の視点からご説明しますと、この評価は物件に対して融資する金融機関の観点だと言い換えることができます。

金融機関がその物件を審査する際、この収益還元法を利用してその物件の条件からどのくらいの収益性が見込めるかを見極め、物件の価値を割り出します。それは、金融機関にとってはどこまで貸せるかの計算に当たるわけで、金融機関としてどこまでリスクを取れるかと同じ意味です。

そこに「スーパーサブリース」の導入が決まります。すると金融機関にとっては、融資の借り手であるオーナー様以外の第三者、つまりJPMC日本管理センターによって賃料が一定程度以上保証されるわけですから、単にオーナー様に融資するだけの場合よりも、リスクを低く見積もっても構わない、という計算になるわけです。

したがって、「スーパーサブリース」をつけている物件は一般的に価値が上がります。融資がつきやすくなりますし、掛け目だけなく金利面や貸出期間で優遇を受けられることもあります。つまり投資家の購入シミュレーションやキャッシュフローが大幅に改善する可能性がある、ということです。また、万が一、物件を手放す時にも、ただ売るよりはずっと評価が高くなるはずです。

オーナー様も、当社も、そして金融機関も喜ぶ。まさに「三方良し」が、「スーパーサブリース」の本当のメリットなのです。

■「スーパーサブリース」をつけられる条件とは？

最後に、「スーパーサブリース」をご利用いただける条件についてご説明しておきます。

まず大前提として、日本全国、6戸以上ある一棟アパート、一棟マンションであれば、必ず借り上げます。

ただ、そこには実際に客付が可能かどうかというリスクがあり、サブリースをお引き受けする以上、そのリスクはまずＪＰＭＣ日本管理センターが負うことになります。そこで、当社がどこまでその物件に対してリスクをお引き受けできるのかは、実勢価格を踏まえ、保証する賃料の査定額によって表現をさせていただいています。6戸以上であれば立地や構造を問わずどんな物件でもお引き受けする一方、保証賃料は一戸当たり2万円、というようなケースも当然出てくるわけです。オーナー様には、そのうえで実際に契約されるかどうかを、その他の条件とともにご検討いただけます。

ただし、本書でご紹介しているような好利回りかつ残存年数の長い物件の場合は、当然しかるべき査定をさせていただくことは言うまでもありませんし、そのうえでより収益を追求していただける分配方式をご用意しています。と同時に、融資を有利に受ける点でのプラス要因も出てくるわけです。

オーナーとしての雑多な業務から解放され、経営を当社に代行させることで本業に勤しんでいただく。そして、あまり入居者がなかった場合のリスクを避け、上振れした分はリスクを負担している私たちにも若干のご褒美をいただいてオーナー様にしっかりお返ししていくのが、私たちがあえてスーパーと名をつけた「スーパーサブリース」の本質です。

言い換えれば、下限のレンジを確定させることによって、賃貸経営としての安定性を計算できるような仕組み、とも表現できます。

本章の終わりに、少しだけ自負を述べさせていただきます。本書執筆の2016年夏現在、「スーパーサブリース」のような中古の物件の借り上げスキームを全国どこでもご提供しているのは、当社のみです。そして、売買仲介会社、管理会社の立場でこうしたサブリースをご用意できるのも、おそらく当社を除いてはなかなか見つけられないでしょう。

私たちがサブリースの復権をかけて取り組んでいる「スーパーサブリース」に込めた思いを少しでも感じていただければ幸いです。

最後の第5章では、金融機関をどう使い、どう付き合っていくのかについて述べていきましょう。

第4章まとめ

第4章では、何かと誤解されているサブリースについてそのメリットを検討し、JPMC日本管理センターが唯一、全国的に提供しているスキーム「スーパーサブリース」のメリットとデメリットを見てきました。以下は、その重要なポイントです。

「スーパーサブリース」を使えば、一括借上により賃料が保証されるだけでなく、オーナーとしての種々雑多な業務から解放されるため、物件の近くで生活していない、本業のある投資家にはマッチしています。そして、賃料保証によって賃貸経営の上限と下限が決まるため、ビジネスとしての安定度が増し、物件の評価を向上させることもできるのです。

第4章のポイント

・サブリースそのものは仕組みであり、いいも悪いもない
・近寄ってはいけないサブリースは見抜ける
・「スーパーサブリース」で賃貸経営を安定化できる
・「スーパーサブリース」で物件の評価が上がり銀行評価にも好影響
・「スーパーサブリース」は、全国どこでもつけられる

第5章

自己資金ゼロで投資する方法

Scene5

社長としての自覚

宮田誠（大手損害保険会社の部長代理）
岡部直樹（都内有名私立病院の消化器外科副科長）
横山大輔（IT企業の経営者）
岡部由加（直樹の妻）

「なかなか立派じゃないか！　築20年には見えないな」

クルマから出るなり、宮田が思わず大きな声で感想を漏らす。

「そうでしょ？　宮田先輩！　しっかり管理やメンテナンスもしてもらってますから」

岡部の妻であり、岡部の資産管理会社の社長となった由加が、クルマのドアを閉めながら笑っていた。

医師でありながら賃貸オーナーとなった岡部は、大学時代の親友の宮田と横山を連れて、由加の故郷である○○県の県庁所在地にやってきた。

気のおけない旧友との、ちょっとした温泉旅行という体だが、お互いに忙しかったため、泊まりがけ旅行は実に10年ぶりだった。きっかけは、宮田と横山がそれぞれ岡部夫妻の不動産投資に興味を持ったためだ。

そう考えると、あの日不動産の話で盛り上がったのも、案外悪い話ではないな。先に帰省していた妻に駅までクルマで出迎えてもらった岡部の気持ちは、今日の天気のように晴れやかだった。

「わたし、横山さんが不動産投資に興味があったなんてびっくりです。プログラムとゲームとビリヤードしか関心がないんだと思ってました」

それは横山も同じだった。横山は1年留年しただけに、学生時代の由加との付き合いも長いが、由加が曲がりなりにも社長になって、岡部の代わりにあれこれ賃貸経営を真剣に考えているのは意外だった。

近くの喫茶店に移動し、コーヒーを飲んで落ち着く。二人は、噂の由加の名刺をもらった。

「どう？　社長業は？　かっこいい名刺を作ったじゃないか」

横山はからかったつもりだったが、由加は大真面目だった。

「金融機関との交渉が、いちばん気を使ったところなんですよね。この人、いつも忙しいじゃないですか。で、どこからどんなふうにお金を借りることが正しいのかとか、どのくらいの期間をどんな戦略で借りるべきなのかとか、久しぶりにパソコンであれこれ考えましたよ。なんかそういうの、楽しくて」

岡部にとっても意外だったようだ。

「勉強熱心で驚いたよ。正直、うちの場合は、銀行との付き合いなんて住宅ローンと日々の振込やら振替くらいだから、どの銀行にどんな特徴があるなんて、まったく意識したことがなかったからな」

それは畑違いであるとはいえ、一応金融業界にいる宮田も同じだった。

「系列の銀行だと金利の優遇とかはあるけどな。でもたしかに、事業を行う上で融資を依頼するっていうのは、全然別世界なんだろうな」

これは、現役上場企業経営者の横山に一日の長がありそうだ。

「ああ。うちの会社の場合も手元資金はいまのところ銀行に頼ってはいないけれど、あちこちの銀行の担当者が代わる代わる来て、経理担当者に借りてくれってせがんでくるらしい。だからって、オレ個人が物件買うから融資してくれって言ったら、同じような態度で接してくれるんだろうか？　そのへんどうですか社長？」

横山は少しからかったつもりだったが、由加は動じなかった。

「そうですね。賃貸事業は結局物件次第ですから、銀行が見ているのはまず物件の良し悪しですよね。しっかり収益を生んでくれるかどうかがポイントで、オーナーである私たちが自分で住むわけでもないのに、自分でその物件を気に入ったかどうかって、あまり関係ないです」

社長然とした受け答えに、担当部長の宮田はたじろいだ。

「そ、そんなもんなのか。でも、お前たちみたいないわゆる富裕層には、けっこう積極的に貸してくれるんだろう？」

「結局、その人にいくら貸せるかは、その人次第なんですよね。キャッシュフローと資産に年齢や仕事の内容を勘案して決めているみたいですけれど、ざっくり言って年収の10〜20倍とか、自己資金÷8%とか、ある程度の目安はあるようですよ」

宮田が別の意味でたじろぐ。じゃあ、自分にも本当に1億円以上融資してくれる、ということなのだろうか。さすがにそれは生々しく、質問することはできなかった。

「なるほどな。で、もうひとつ気になるのはさ、岡部に聞いたところでは、いまお前たち夫婦で2億の物件を持っているんだろう？　あんまり立ち入ったことを聞いちゃいけないんだろうけど、それってけっこういいところまで借りちゃっているんじゃないか？」

横山も、同じような疑問を持っていたようだ。

「さっきの話じゃないけどさ、うちの会社はおかげさまでうまくいってるから、もっと借りてくれってしつこく勧誘してくるけど、岡部の会社が賃貸で同じようにうまく回せているのなら、銀行はそこらへんを評価して、もっと借りてくれって言ってきたりするのか？」

今度は、岡部が引き取った。

「横山らしい質問で恐れ入るよ。まあうちの場合は、まだ始めたばかりだから限度いっぱいまでは借りていないけどさ。ただおかげさまで万事順調なんだ。すると、今回融資してくれた銀行の担当者が『賃貸経営の実績が積み重なってきていますので、もう少し融資できます』って言ってきたりするんだよ」

由加もすかさず話に加わる。

「うちの場合はまずメガバンクから借りたんですけど、仮にそのメガバンクが限度いっぱいでも、ほかの銀行、特に地銀とかがさらに枠をくれるんだって聞いたことがあります。ここの地元の銀行が、誰から聞いてきたのかわざわざ東京まで来て営業をかけてきて、『今後の投資のご予定は?』なんて聞いてくるからビックリしましたよ」

この夫婦は、本気で取り組んでいるんだな。岡部夫妻、特に由加のあまりの詳しさに、宮田は圧倒されていた。

「じゃあ、そろそろ次の物件を検討するのか?」
「いや、あと2年くらいしたら動こうかなと思っている」
「あれ? すぐにでも新しい物件を見にいきそうだと思ったけど、そうじゃないのか? それはそれで意外だな」

驚く横山に、由加は落ち着いて答えた。

「今回の2棟、銀行からの融資以外に、私たちの手持ちの現金はほとんど使っていないんですよ。その分の返済が3年なので、次の投資はそこからにしようって思ってます」

宮田も疑問を投げかける。

「そう、前も岡部が言っていたけど、自己資金ゼロで2億の物件買ったってことなのか？　名医の信用力ってどんだけなんだよ？」

だが、岡部は笑って答えた。

「宮田だって、自己資金ゼロで1億くらいすぐに買えるはずだぞ」

「またまた！　そんなバカな。9割っていうのはこの間聞いたけれど、最後の1割と諸経費分は無理だろう」

由加も笑っていた。

「先輩、安心してください。貸してくれますよ。ただし、話の順番だけは間違えないでくださいね」（つづく）

■不動産投資家として、金融機関との付き合い方を考える

金融機関が不動産投資家に融資したくてたまらない状況になっていることは本書の冒頭でご説明した通りですが、だからといって誰にでも、どんな物件にでも貸してくれるわけではありません。

また、ひと口に金融機関といっても、メガバンクや地方銀行、信用金庫、信用組合、日本政策金融公庫などの政府系金融機関、そしてノンバンクなど、さまざまな貸し手が存在し、それぞれに戦略・戦術を持っています。

この章では、銀行に代表される金融機関という、ある意味とても独特な文化を持つ世界を理解していただきながら、不動産投資家としてどのように金融機関とよいお付き合いを続け、資産を最大化するかを考えていきましょう。それは結局、金融機関の収益拡大にもつながることになります。

まず、一般論として金融機関が不動産投資家に融資をする場合に審査の対象とするのは、物件と、借り手であるあなた自身です。

物件の対象は、85ページの図表7で述べた通りの条件だとお考えください。RC造で、

耐用年数が残っていて、利回りが高い物件を経営する場合は、有望とみなされる可能性が高くなります。

■金融機関はどこまで融資してくれる？

では、実際問題として、金融機関は不動産投資をしようとしている個人に対して、いくらまで融資してくれるのでしょうか？

結論から申し上げますと、

▼不動産での収入を除いた給与収入の10〜20倍程度
▼現在投資可能な自己資金÷8％（12・5倍）

あたりまでの物件価格がメドになっていると考えられます。つまり、年収1000万円の方であれば、1億〜2億円くらいまで。自己資金を1000万円持っていれば、1億2500万円くらいまでの物件購入であれば、最大でその9割程度を融資してくれる可能性が高い、ということになります。また、あなたの年齢やお勤め先、家族の有無や連帯保証の可否も考慮されます。もちろん、金融機関としてどこまでリスクを取るかはその時々の融資姿勢や外部環境に左右されます。

ちょっと意外に思われるかもしれませんが、アッパーミドル層のビジネスパーソンにおけるひとつの指標である年収１０００万円の方が不動産投資を始めようと考えれば、１億５０００万円程度の物件は「普通」に購入できてしまうのです。なお、当社子会社のＪＰＭＣアセットマネジメントが運営しているサイト「ｅ-ｖｅｓｔ（イーベスト）」では、人工知能（ＡＩ）を使い、年収、自己資金を入力するだけでどの程度の投資物件が購入可能か査定できるサービスを始めました。ＡＩをキャラクター化した「ｅ-ｂｏｙ（イーボーイ）」の質問に答えていくだけで、個人情報を気にすることなく、気軽かつ簡単にメドがわかります。

e-boy（イーボーイ）

なお、８％の根拠をあらかじめ申し上げておきますと、不動産を取得する際には税などの諸経費が必要になりますが、そのめどが多めに見積もって物件価格の８％程度だからです。レバレッジという観点からいえば、自己資金の10~20倍の運用ができる計算になります。10倍を超えるレバレッジといいますと、FX（外国為替証拠金取引）や株・商品などの先物取引などが思い浮かびます。株の信用取引でも3倍程度ですから、一見ハイリスクのトレードのように感じられます。

しかし、実際はそこまでではありません。株などと違い、不動産価格は短期間のうちに半分になったり、倍になったりするようなことは過去にもありません。担保評価の対象としては安定していて、長期的に、減価償却とともに下がっていくことが予測できます。また、賃料についても新築時が通常は最も高く、その後は下落していきますが、その変動も緩やかです。つまり、担保価値や収益価値が測りやすい分、どこまで貸していいかもわかりやすい、ということなのです。

■金融機関別に特徴がある

ところで金融機関には、それぞれ特徴があります。216ページの図表15は、縦軸に融資の難易度、横軸に金利の高低を取ったマトリックスです。

金利が低い一方で難易度が高いのは、メガバンクや大多数の地銀です。ただし、それぞれに姿勢の違いがあります。

▼都銀

都銀のうち、3大メガバンクにおいて、2016年夏時点での個人向け不動産担保融資の積極性を簡単に示しますと、

三井住友（SMBC）＞みずほ＞三菱東京UFJ

という順位になるというのが、私たち現場の人間の肌感覚です。

SMBCはこの分野では先行していますが、先行しているだけに今後も融資を拡大するかどうかは不透明です。一方でSMBCほど積極的ではなかったみずほ銀行は、今後融資姿勢を緩和してくる可能性があると感じています。

両行からはっきり距離を置いているのが三菱東京UFJ銀行です。アッパーミドル層の

個人に対する融資には、あまり積極的ではありません。

▼地方銀行

一般的に地方銀行には、独特の考え方があります。あくまで地方の銀行ですから、自行の営業エリアにある物件、在住している人には貸しやすくなるのです。これは、地域経済に貢献する金融機関だから、という理由からと考えられますが、よりありていに考えれば、簡単に目が届かず、融資する理由のつけられない案件には、地銀の担当者としては稟議に上げにくい、ということでもあるようです。

ただ、これを逆手に取る方法もあります。たまたま購入したい物件がある地銀を頼ってもいいですし、何なら資産管理会社をその地銀の営業エリアに移したり、支店を置いたりすることで理屈をつけやすくなり、融資を受けやすくなることもあります。こうした考え方は、マトリクスには載せていませんが信金なども同じだとお考えください。

▼政府系金融機関

次に、日本政策金融公庫を代表とする政府系金融機関ですが、しばらく前までは融資難易度も金利も低かったものの、最近ではむしろ融資姿勢を厳しくする方向にあるようです。ただし、今後また状況が変わってきた際には、積極的な活用を考えたい金融機関です。自己資金、年収ともに700万円程度の方はここからチャレンジとなります。

▼一部の地銀・ノンバンク等

一部の地銀、ノンバンクなどには、不動産担保融資にアグレッシブな姿勢を有し、積極的かつスピード感のある姿勢で、自行の支店の有る無しにかかわらず、メガバンクやほかの地銀よりも高い金利を得ようと努力しているところがあります。代表的なところではスルガ銀行やオリックス銀行、静岡銀行、三井住友トラスト・ローン&ファイナンス、韓国・新韓銀行系のSBJ銀行や、その他ノンバンク系の会社です。

このなかでも、不動産業界で知らない人はいないとさえいえるのが、静岡・神奈川エリアに拠点を置くスルガ銀行です。

先ほど一般的な地銀の融資姿勢をご紹介しましたが、スルガ銀行の場合はまったく当てはまりません。全国どこの物件に対しても、融資担当役員が飛び回って審査し、早ければ数日以内に融資可否の回答があります。メガバンクや一般的な地銀では、1カ月程度かかることが通常ですから、異例の早さです。

こうした金融機関は、融資の方針として、高めのリスクにチャレンジすることで高いリターン（金利）を得ようとしているのです。現在のメガバンクの貸出金利は1％以下なのに対して、スルガ銀行は通常4・5％台とかなりの差があります。しかも、メガバンクや一般的な地銀に比べて融資額が大きい場合や融資期間が長くなる場合も多く、投資家のキャッシュフロー的にはプラスになります。

つまり、非常に攻めの経営をしていることがうかがえるのです。

個人の不動産投資家にとっては、強い味方になりそうな一方で、使い方を間違えるとその後の賃貸経営を難しくするリスクもあります。

また、メガバンクや多くの地銀が個人投資家の資産管理法人にも融資してくれるのに対して、スルガ銀行は個人にしか融資しないことで知られています。

■金融機関には「借りる順番」がある

当然のことではありますが、融資金額や融資期間が同じであれば、金利は低いほうがオ

図表15　金融機関の融資難易度／金利のマトリックス

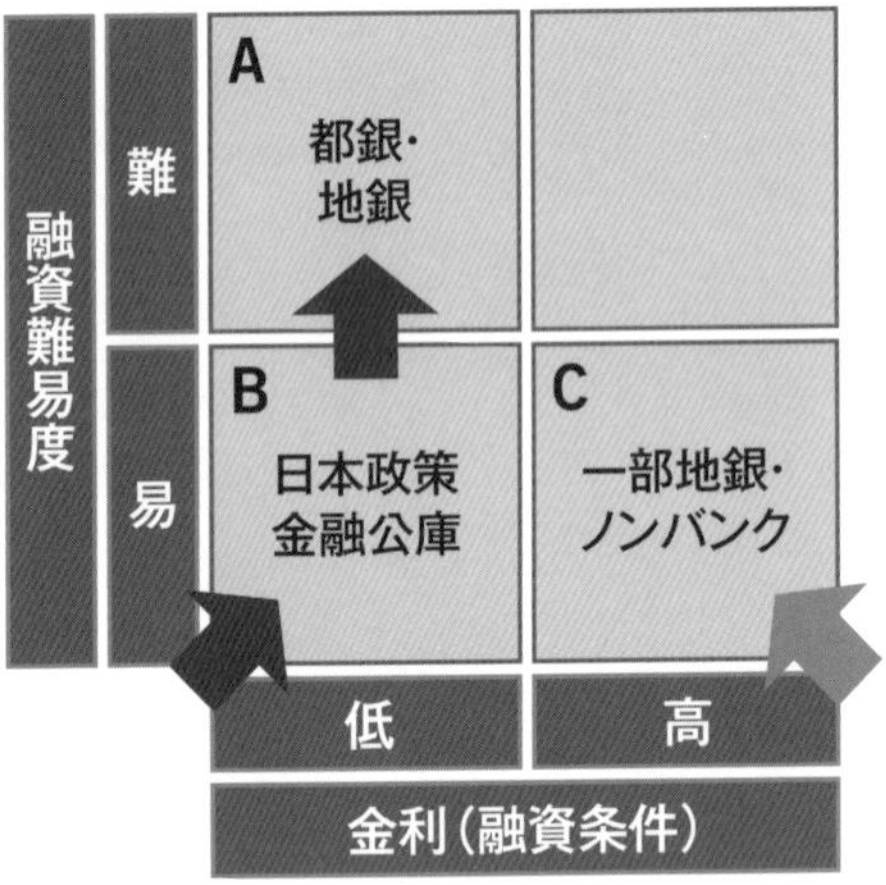

ーナーの手残りやキャッシュフローは増えます。同一物件であっても、調達金利や期間次第で「お宝物件」にもその逆にもなります。つまり、なるべく貸出金利は低い金融機関（図表15のA、B）を利用していただくべきです。

特に、あなたが今後も物件・資産の規模を拡大し続けようとした場合、金利が高く、融資姿勢の緩やかな金融機関（図表15のC）から先に借りてしまうと、そのほかの金融機関が追加で融資してくれる可能性はかなり低くなります。一般的には、メガバンクから融資を受けている投資家には、地銀も安心して融資を検討します。もしもある金融機関が、その投資家にさらに融資できる余裕があると判断するなら、もっと金利の低い金融機関や信用力の高い金融機関が貸す前に貸してしまえば、低リスクで金利収入を得られるからです。もちろん独自の審査は行うのでしょうが、「メガバンクが貸している人」という実績は、それだけで大きな信用になるのです。

一方で、高い金利で貸し出す金融機関からすでに融資を受けている場合は、正反対の現象が起こります。事実はともあれ、「そこからしか借りられなかったオーナー」という判断をされてしまうからです。

ただし、こうしたリスクテイカーにも当然使うべき時は存在します。

まず、融資審査の難易度が高く、金利が低い金融機関の門を叩いたけれど、融資が下りず、その銀行しか貸してくれそうにない場合。そして、どうしてもスピードで勝負しなければ買い負けてしまう場合などです。

そこで諦めるか、リスクテイカーに高い金利を払ってでもビジネスとして成立させることで納得するかは、物件獲得における重要な判断の分かれ目です。たとえば、本当に4・5%もの金利を払って中長期的に賃貸経営が成立するのかどうかは、慎重に慎重を期して検討する必要があると思います。いわば、よく効く薬を「特効薬」とするのか、「劇薬」とするのかの差と言えるかもしれません。

■金融機関選びは決して人任せにしてはいけない

　ここまで見てきたように、ひと口に金融機関といっても、非常に大きな差があることがご理解いただけたと思います。

　融資姿勢も金利も、審査の時間も異なる金融機関を使う際には、必ず何らかの戦略と決断が必要になるのです。

　ところが、仲介業者のなかには、金融機関をアレンジすると称して、高い金利を取る代わりに審査が緩くて早いところばかりをすすめてくるところがあります。これも、第２章で触れた通り、あくまで仲介業者側の勝手な論理で押し切ってくるケースが散見されますので、注意が必要です。

　私たちＪＰＭＣ日本管理センターはサブリース・管理が本業ですから、投資家がご購入されたあとも末永くお付き合いをさせていただくことを望んでおります。一方、仲介だけを行う会社は、そうではない動機が働く可能性を否定できません。ある投資家がある物件に興味を示しているという状況では、仲介業者としては成功報酬が得られるわけですから、何が何でもとにかく早く買わせてしまえ、というモチベーションが働きやすくなります。

その後オーナーとなった投資家との付き合いが必ずしも継続するわけではないので、とにかく借りやすいところから早く借りさせて、このディールを成立させ、自分の手数料を得ようと考えるわけです。どうせ金利を負担するのは投資家で、自分には無関係だからです。

こうした業者の場合は、常に決まった金融機関を紹介してきます。審査が早い代わりに金利が高いところです。

不勉強なオーナーなら、そんな高金利では物件の経営が成り立たず、むしろ逆ザヤになることに気づくのは、5年後、10年後たってからです。そして、そんな頃に気づいたところでいまさら物件を売ってどうにかなるわけでもなく、完全に手遅れなのです。

■金融機関の融資姿勢は頻繁に変化する

金融機関というところはとても堅実な業種、かつ堅実な方々が働いているところですが、融資の借り手という観点で見ていますと、こと不動産担保融資に関しては、実に頻繁に姿勢が変化します。毎月変わっていると言ってもいいくらいです。

先月はOKだったのに、同じようなケースで今月はダメ。昨年度までは厳しかったのに年度明けから突然積極的になった、などというのはザラにあることです。また同じ金融機関の、同じ支店内でも担当者によってまったく異なります。

この背景には、いくつかの事情があると考えられます。

たとえば、その金融機関全体として、あるいは支店単位で不動産担保融資の枠があり、一定期間分を使いきってしまえばそれで終わりというケース。先月は通ったのに、なぜ？というのは大概こうした事情がありそうです。

二つ目としては、不動産担保融資の知識や経験が豊富な担当者の数が限られている、ということです。融資担当者でも実は収益物件への融資を苦手としている方が相当数いらっしゃいます。どうしてもごく一部の手慣れた担当者に案件が集中しているのが実情です。

もうひとつは、金融機関そのものの経営姿勢の変化です。当局の指導や規制もこの範疇です。そこに、一介の個人投資家の事情が勘案されることはありません。そういうものだと思って諦めたり、意外にも融資が通ったとラッキーに感じたりするだけです。

ただし、生の情報は常に金融機関と接している仲介業者に集まります。どこから借りるかで1％金利が異なるなら、それは賃貸経営に大きな影響を及ぼしますから、最新の情報を得られるよう、信頼できる仲介業者との関係を築いておいてください。

■金融機関はあくまで紹介してもらうことが大切

第2章でも触れましたが、金融機関には決して「飛び込み営業」をかけてはいけません。その代わり、私たちは信頼できるお客様を金融機関に積極的にご紹介しています。

特に、実績がまだない場合、その投資家が本当に信頼できて経営感覚を持ち、間違いのない賃貸経営ができることを説明すべきなのは、すでに金融機関に対して、そして不動産業界で信頼を築いている第三者です。どんな金融機関と相性がいいのか、いまこのタイミングでどこに行けばいいのかのアドバイスもします。

ところで、金融機関が新規融資先を判断する場合は、実にさまざまなファクターを見ます。資料もいろいろと準備しなければなりません。年収の何倍ものお金を貸すのですから、当然です。

そこでのコミュニケーションをスムーズに進めるためのノウハウも、私たちには豊富に蓄積されています。

図表16は、私たちがお客様を金融機関に紹介する際に使用しているプロフィールシート

図表16 JPMC プロフィールシートの例

プロフィールシート

フリガナ		生年月日	年 齢	日付	H
氏名			満 歳	お住まい状況(持家／賃貸)	
住所	〒			持家の場合	ローン(有／無)
				残高・残期間	万円 年
	メールアドレス			借家の場合	賃貸／社宅 賃貸
	電話番号				家賃 万円/月
	携帯				
勤務先	会社名	所属部署		勤続年数	年 ヶ月
	業種	役職名		定年	満 歳
	住所			電話番号	

	氏名	続柄	年齢	生年月日	同居	住所	連帯保証	勤務先	年収
家族構成									万円
									万円
									万円
									万円
									万円
									万円

<税込年収>

		平成25年	平成26年	平成27年
本人	給与	0 万円	0 万円	0 万円
	不動産	0 万円	0 万円	0 万円
	他	0 万円	0 万円	0 万円
	計	0 万円	0 万円	0 万円
奥様		0 万円	0 万円	0 万円

<保有不動産・借入状況>

用途	所在(住居表示)	価格(万円)	構造	築年月	家賃収入(月間)	借入先	残高(万円)	残期間(年ヶ月)	購入時期(年／月)
計		0			0		0		

<保有金融資産・自己資金等>

資産(預金・株式・保険解約返戻金等)				その他(退職金・金・海外投信他)		
種類	内 容	金額(万円)	備考	種 類	内 容	金額(万円)
現金				退職金		
預金				年金		
株式						
2016/9/2						
計		0		計		0

※資産内容については後日本審査の段階で金融機関へエビデンスの提出が必要になります

の一例です。まずはこちらにご記入いただければ、金融機関はお客様に対して聞きたいことをほぼすべて網羅されているのでその後の融資検討が非常にスムーズです。フォーマットは「e-vest.jp」からもダウンロードできます。

そして、収入や資産を証明する書類を用意いただければ結構です。あとは、当社が物件の収支シミュレーションを用意いたします。買主と物件の説明を金融機関が満足するレベルで細かくしなければ、融資は得られません。このプロフィールシートは会社でいえば損益計算書や貸借対照表に相当します。

これらすべてを不動産投資が初めての個人が用意するのは、かなり難易度が高く、結果やりとりに時間ばかりかかって皆様ばかりでなく金融機関の担当者のストレスも増していきます。

私たちJPMC日本管理センターは、金融機関と密接なつながりがあるだけではなく、私たち自身が東証一部上場企業であり、新規の顧客を紹介する第三者としての立場としては、知識・経験含めてかなりお役に立てる立場にあると思います。大切なお客様の社会的地位を証明し、事業計画作成をサポートするだけでなく、第4章でご説明した「スーパーサブリース」などのスキームを用いて、金融機関も納得の行くかたちで事業の確実性を増すお手伝いができます。

■金融機関がさらに貸したくなる投資家とは？

賃貸経営がうまく回転し始めれば、投資家として、経営者としての評価は高くなり、さらに融資が得られることも十分に考えられます。もちろん、賃貸経営の結果得た金融資産を再投資することもできますから、さらにレバレッジが効いて、どんどん規模を大きくすることも可能です。

その際、金融機関が重視するのは、貸借対照表（バランスシート）です。貸借対照表（バランスシート）とは、会社が事業資金をどのように集めて（負債・純資産側・右側）、どのような形で運用しているか（資産・左側）を表すもの、です。

図表17は、バランスシートを模式化したものです。

このうち負債部分は、金融機関別の特徴でも述べた通り、どこからどのような条件で借りているかが重視されます。そして、総資産に対する純資産の割合がどのくらいなのかは、

図表17　融資から見た長期戦略　B／S

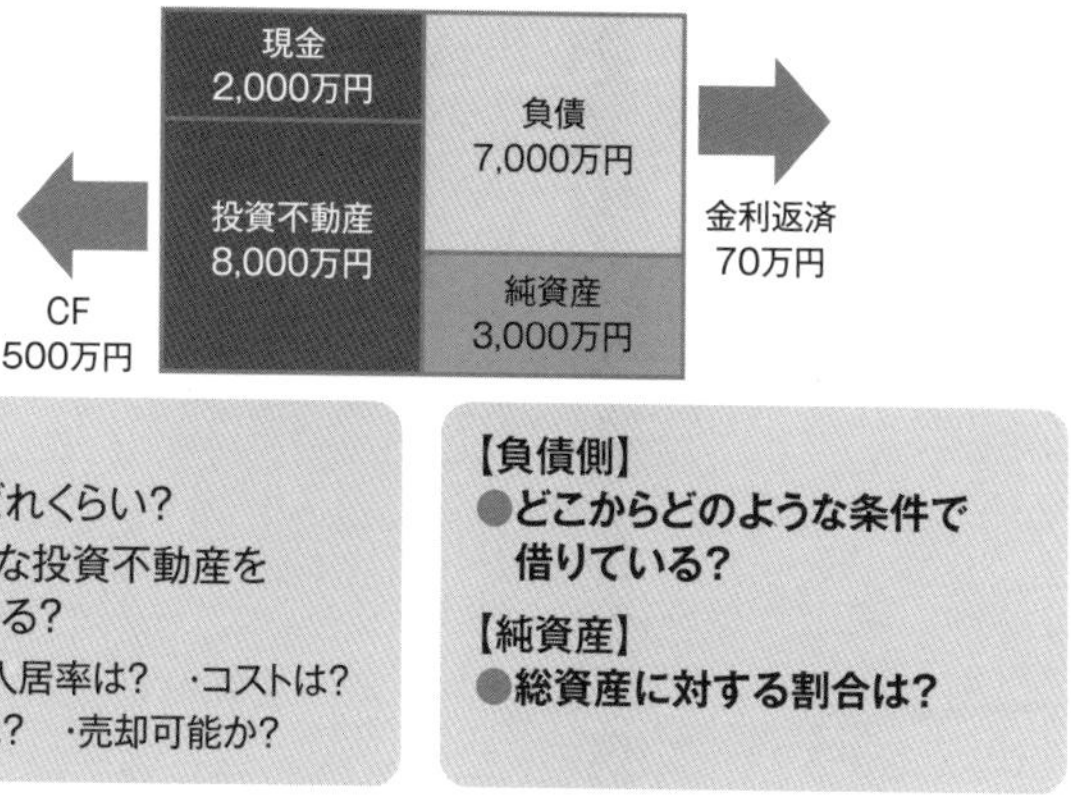
【資産側】
●現金はどれくらい？
●どのような投資不動産を持っている？
·CFは？　·入居率は？　·コストは？
·担保価値は？　·売却可能か？

銀行から見て「貸しやすいB／S」を創り上げることが必要!

事業としての健全性を示す指標です。低すぎると問題ですが、高すぎても、せっかく本来はもっと取れるはずのリスクを活かせておらず、機会損失を生じているとも受け取れます。

私たちは、お客様とともに歩んでいく企業です。いったん走り始めればそこで終わり、ということではなく、賃貸経営の規模を大きくしていきたいとお考えのお客様には、経営的な視点からのアドバイスによって、金融機関との関係を深め、さらに融資を引き出していくための理想的な経営バランスを保つためのお手伝いをいたします。

■１００％、あるいはそれ以上のローンを可能にする方法

最後にご紹介したいのは、少しでもお客様と物件との出合いを増やしていただくための「とっておきの必殺技」です。

それは、当社のグループ会社ＪＰＭＣファイナンスによる、補完的な１００％融資、いわゆる「フルローン」であり、あるいは諸費用までも含めた「オーバーローン」です。

本書で繰り返し見てきた通り、マイナス金利の時代にあっても、金融機関はなかなか１００％融資をしてくれませんし、おそらくこれからも、掛け目が厳しくなる（物件価格に対しての融資金額の割合が減る）ことはあっても甘くなることはないでしょう。ということは、最低でも物件価格の10％＋諸経費分の現金がなければ、投資はできないことになってしまいます。これだけの理由で不動産経営を諦めなければならないお客様があまりにも多いのです。

この残りの部分だけでも、融資してくれる金融機関はないものか、私たちもさまざまな金融機関と交渉を重ねたのですが、これまでのところ手をあげてくださるところはありませんでした。おそらく掛け目以上に一つの金融機関や企業グループにて融資を行うことに

図表18　JPMCファイナンスの不動産投資サポートローン

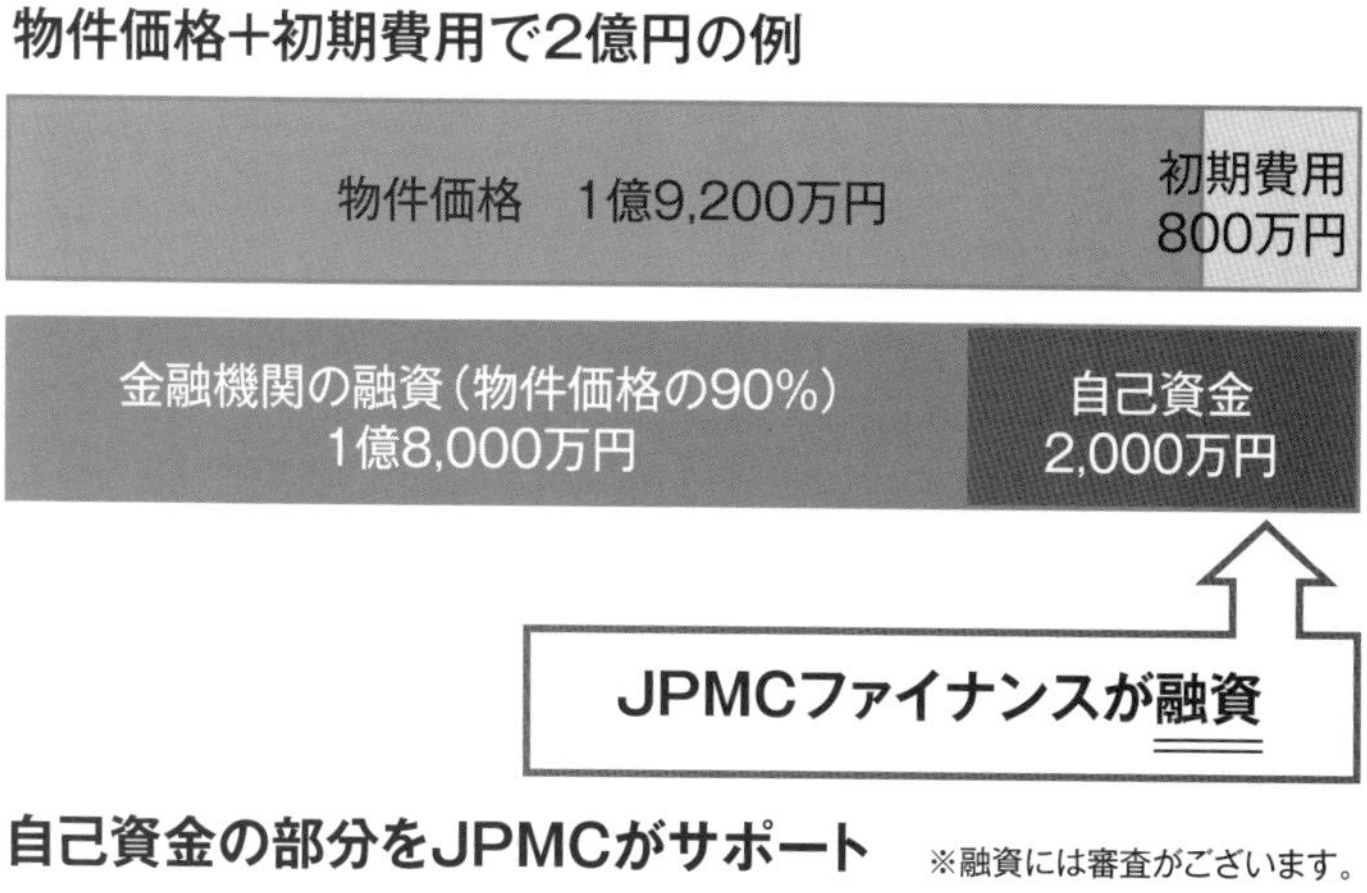

関しては行政当局などから控えるように指導がなされていること、また第1章でも触れた通り、バブル期と同じ「第二抵当」での貸し出しになってしまうため、たとえ金利が高くても抵抗があるのです。

そこで当社は、「スーパーサブリース」と同様、誰もやらないなら自ら始めようと、2016年2月から、JPMCファイナンスを通じた、フルローン、オーバーローンをサポートする融資の提供を開始いたしました（図表18）。

フルローンの場合は、物件の評価額から金融機関が融資した額の残りを、オーバーローンの場合は、フルローンに加えてさらに購入時に必要な諸経費や税などをカバーするため

図表19　通常の融資とJPMCのサポートローンを組み合わせた場合の比較

	金額・利率等
売買価格	2億円
自己資金	2,000万円
借入額	1億8,000万円
金利	4.5%

表面利回り	11%
サブリース後利回り	8%
サブリース後収入	約1,600万円
年間返済額(ADS)	約1,094万円
年間税前CF	約505万円

一般的な不動産担保ローンだけを利用した不動産融資

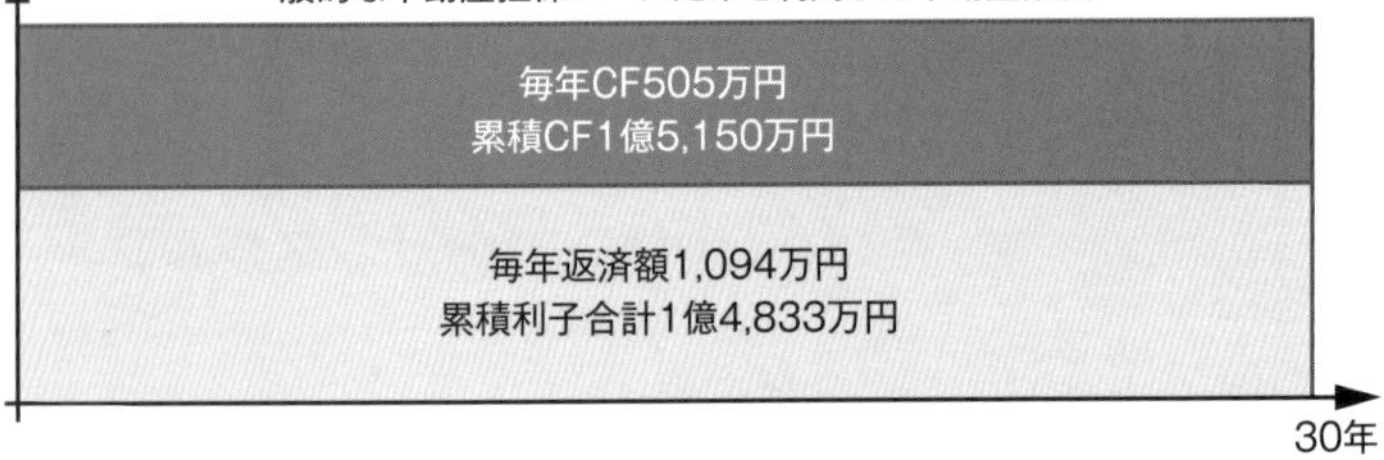

	金額・利率等	
売買価格	2億円	
自己資金	0万円	
金融機関	某メガバンク	JPMC-F
借入額	1億8,000万円	2,000万円
金利	0.6%	5～8%

返済期間	30年	3年
表面利回り	11%	
サブリース後利回り	8%	
サブリース後収入	約1,600万円	
年間返済額(ADS)	約655万円	約752万円
年間税前CF	約192万円 (4年目以降 945万円)	

「不動産投資サポートローン」を利用した不動産投資

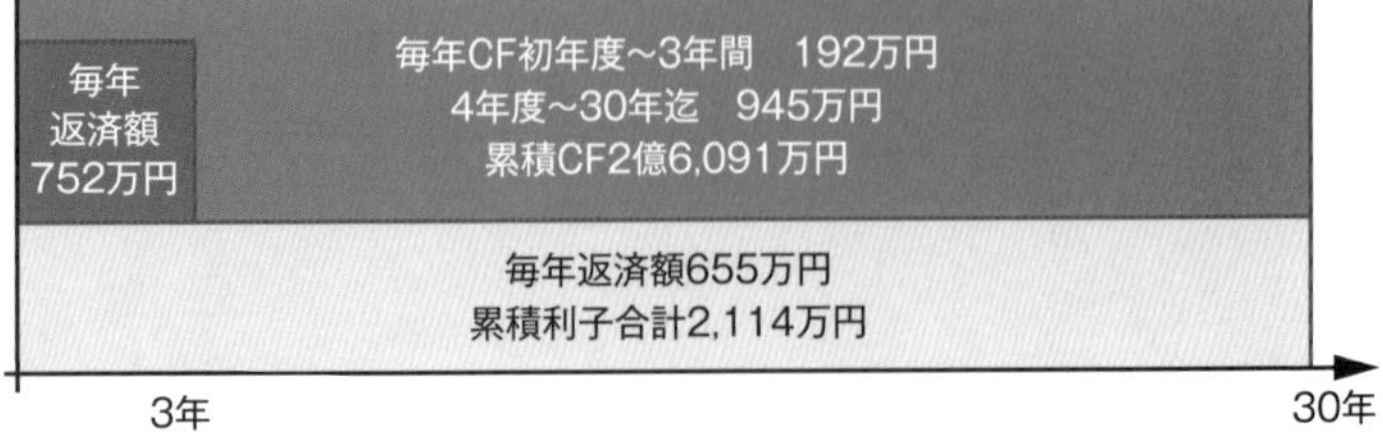

の融資です。

この組み合わせによって、自己資金を使うことなく不動産投資、賃貸経営を始めることができるようになりました（当然ではありますが、ＪＰＭＣファイナンスによる審査があります）。

その代わり、サポートローンの部分に関しては3年程度の期間、物件から得られる賃料でご返済いただくことになります。この期間はオーナー様へのキャッシュフローはあまり見込めませんが、その代わり自己資金ゼロでスタートでき、3年後にはキャッシュフローが生まれることになります。

4年目からは、大幅にキャッシュフローが改善されることになります（図表19）。

２０１６年春からサービスを開始しましたが、すでにいくつもの成功案件が生まれており、なかには「地銀の低金利のローンを使いたいのだが、審査に時間がかかりすぎる。ライバルに物件を取られたくないので『ブリッジローン』的に使わせてもらえないだろうか？」などと、私どもが想定していなかったような利用方法のご相談も承っております。

この融資の仕組みは、売っておしまいというほかの仲介会社には決して用意できない、オリジナリティにあふれた仕組みだと自負しています。

オーナー資産の最大化を図るため、できるだけたくさんの仕掛けや仕組みをご用意し、今後もより充溢させることによって、最適な方法を提案していけるよう努力してまいります。

最新の情報は、ぜひ「e-vest.jp」やセミナーなどでご確認ください。紙幅の都合で本書には収めきれなかった話題やノウハウもたくさんご紹介しています。

第5章まとめ

第5章では、さまざまな金融機関の違いと付き合い方、融資の限度額などを見てきました。必ず記憶しておいていただきたいポイントは次の通りです。

金融機関と上手にお付き合いすることが不動産投資、賃貸経営の規模をいち早く拡大し、豊かなキャッシュフローを得るための近道です。ただし、金融機関には独特な文化があります。そこを決して軽視しないようにしてください。

そして、金融機関ではどうしてもできない自己資金ゼロでの不動産投資スタートを、当社のグループ会社JPMCファイナンスがサポートしています。物件との出合いをチャンスにつなげるひとつの仕組みとしてご検討ください。

第5章のポイント

- 金融機関は、年収や資産の10倍以上を融資してくれる
- 金融機関には種類ごとの特徴や借りる順序がある
- 金融機関の融資姿勢は頻繁に変わる
- 金融機関は信頼されているところから紹介されて付き合うところ
- フルローン・オーバーローンを可能にする方法もある

Last Scene

持つべきは余裕と友

宮田誠（大手損害保険会社の部長代理）
岡部直樹（都内有名私立病院の消化器外科副科長）
横山大輔（IT企業の経営者）
岡部由加（直樹の妻）

「うわ〜っ！」

朝から熱い露天風呂に浸かった宮田は、この旅館に来てから何度目かの嘆声を上げた。

「何だよお前、オヤジかよ！」

すかさず横山がツッコむ。

「そうだよなあ。おっしゃる通り、すっかりオヤジだよ、オレも」

「まったくだ。子どももどんどん大きくなるしな」

これには岡部が同調した。

久しぶりの温泉旅行も楽しかったが、人生順風満帆の医師とその妻としか思えなかった岡部夫婦が、自身のリスクや子どもの将来を案じながら真剣に不動産投資を始めているなど、長年の友人である宮田でさえ思いもかけないことだった。そのおかげで由加が社長になったり、再び地元と縁を育んだりしている。ただの仲良し夫婦というだけではない充実感が、二人からはにじみ出ていた。

「岡部の言った通り、朝飯の納豆と生卵、うまかったなあ」

宮田は妙なことを覚えていた。

「そうか！　いやーわかってくれてうれしいよ。ま、オレも今回の不動産投資の件がなければここに来ることもなかっただろうからな」

「やっぱ、持つべきは友だな。今回はすごく勉強になったよ。バカ話も相変わらず楽しかったしな」

横山は、二人のやりとりを笑って聞くだけで、朝から少ししんみりしている。きっと、明日からは、再び激務が待っているのだろう。宮田にはそう思えた。

そして宮田の目には、岡部がまぶしく映ってしかたがなかった。その理由を、宮田は昨日からずっと考えていた。

「横山、いまからでいいから、お前も早く結婚しろ」

岡部にあるのは、ある種の「余裕」かもしれない。

神経をすり減らす医師という仕事、リスクと責任感。そして家族を守りつつ、いい仕事をしたいという思い。

どれも簡単には達成できないことばかりだし、ひとつひとつがプレッシャーにも感じられる、重いテーマだ。そこに夫婦で正面から取り組んでいる姿が眩しいのかもしれない。

岡部は心の中で、とりあえずそんなふうに結論づけることにした。

確実に、人生は先へ先へと進んでいるのだ。

「なあ岡部、25年前から変わらないこともたくさんあるけど、変わったこともたくさんあるな」

岡部は、この25年間で得たものを、いま自ら守り、守られて伸ばそうとしている。

不動産投資は、そのためのお守りなのだろう。宮田には、ようやく岡部の意図がわかった気がした。

「本当だよ。だから横山もいまから子どもでも作れ。人生変わるぞ」

「しつこいなあ。どうせ娘の顔でも思い浮かべているんだろ。朝から泣くなよ！」

この先、何があるかは正直わからない。でも、子どもや妻、そして信頼できる友人たちの力を借りながら、彼らを守っていきたい。宮田はそんな思いを新たにした。

よし、東京に戻ったら、まずは情報収集からスタートだ。


岡部が、少し心配そうに宮田の顔をのぞきこんだ。

「おい、昼飯はそば食うか！　山奥の一軒家にすごいジビエを出す手打ち蕎麦屋があってさ……」

「それ、よさそうじゃないか」

横山が即座に賛成する。宮田も気持ちがますます明るくなってきた。

「よし、昼飯のあとは、どこかで久しぶりにビリヤードやるか」

「いいけどさ、お前、そんな腹でまともなショットが打てるのか？　25年でいちばん変わったのは、お前の腹の出っぱり具合だろう？」

25年前と変わらない三人の笑い声が、乾いた青空に響いた。（おわり）

JPMCグループ　CEO

武藤 英明

Hideaki Muto

1964年生まれ。商社、外資系建設機械メーカーを経て、不動産系ITベンチャー創業。2002年日本管理センター設立。代表取締役社長に就任。国土交通省移住推進プロジェクト準備委員会委員、全国賃貸管理ビジネス協会新事業新商品開発委員会委員、財団法人日本賃貸住宅管理協会サブリース協議会協議員、日本賃貸住宅オーナー共済連合会専務理事を歴任。主な著書に『そのアパート経営は諦めるにはまだ早い!』(KADOKAWA/角川マガジンズ)、『賢い大家さんは賃貸で稼ぎながら相続税も節税する!』(KADOKAWA/角川マガジンズ)などがある。

不動産投資は地方の高利回り物件を狙いなさい

2016年9月29日　第1刷発行

著者	武藤英明
発行所	ダイヤモンド社 〒150-8409　東京都渋谷区神宮前6-12-17 http://www.diamond.co.jp/ 電話/03-5778-7235(編集)　03-5778-7240(販売)
装丁&本文デザイン	北路社
イラスト	秋葉あきこ
制作進行	ダイヤモンド・グラフィック社
印刷・製本	ベクトル印刷
編集担当	梶原一義

ISBN 978-4-478-10001-1